AF178448

Effizienzanalyse grundlegender Gestaltungsgrößen der OP-Organisation

INFORMATIONSTECHNOLOGIE UND ÖKONOMIE

Herausgegeben von Christian Becker, Wolfgang Gaul,
Armin Heinzl, Martin Schader und Daniel Veit

Band 37

PETER LANG

Frankfurt am Main · Berlin · Bern · Bruxelles · New York · Oxford · Wien

Anja Zöller

Effizienzanalyse grundlegender Gestaltungsgrößen der OP-Organisation

PETER LANG
Internationaler Verlag der Wissenschaften

Bibliografische Information der Deutschen Nationalbibliothek
Die Deutsche Nationalbibliothek verzeichnet diese Publikation
in der Deutschen Nationalbibliografie; detaillierte bibliografische
Daten sind im Internet über http://dnb.d-nb.de abrufbar.

Zugl.: Mannheim, Univ., Diss., 2009

Gedruckt auf alterungsbeständigem,
säurefreiem Papier.

D 180
ISSN 1616-086X
ISBN 978-3-631-59665-4

© Peter Lang GmbH
Internationaler Verlag der Wissenschaften
Frankfurt am Main 2010
Alle Rechte vorbehalten.

Das Werk einschließlich aller seiner Teile ist urheberrechtlich
geschützt. Jede Verwertung außerhalb der engen Grenzen des
Urheberrechtsgesetzes ist ohne Zustimmung des Verlages
unzulässig und strafbar. Das gilt insbesondere für
Vervielfältigungen, Übersetzungen, Mikroverfilmungen und die
Einspeicherung und Verarbeitung in elektronischen Systemen.

www.peterlang.de

Vorwort

Die vorliegende Studie befasst sich mit Forschungsfragen aus dem Krankenhausmanagement und adressiert Fragestellungen der OP-Organisation. Die Arbeit entstand am Lehrstuhl für allgemeine Betriebswirtschaftslehre und Wirtschaftsinformatik der Universität Mannheim unter der Leitung von Herrn Prof. Dr. Armin Heinzl und wurde durch die Mitarbeit im Forschungsprojekt „Operationssaal 2010" des Landes Baden-Württemberg motiviert.

Herrn Prof. Dr. Armin Heinzl danke ich für die Betreuung der Arbeit und die Möglichkeit der Promotion an seinem Lehrstuhl. Die Einbindung in interdisziplinäre Forschungsprojekte aus dem Bereich des Gesundheitswesens ermöglichte mir diese wissenschaftliche Arbeit.

Herrn Prof. Dr. Dr. Hans-Joachim Bender und Herrn Dr. Christof Denz gilt mein Dank für ihre Unterstützung bei der Spezifikation und Validierung der modellierten OP-Abläufe. Insbesondere danke ich Herrn Dr. Christof Denz für seine konstruktiven Anregungen aus der aktuellen Fachdiskussion zum Thema OP-Management sowie für seine detaillierten Erläuterungen zu klinischen Sachverhalten.

Mein besonderer Dank gilt auch meinem ehemaligen Kollegen Herrn Prof. Dr. Franz Rothlauf, der mir als Ratgeber für verschiedenste Fragestellungen meiner Arbeit behilflich war. Speziell bei der Konzeption der Arbeit stand er mir hilfreich zur Seite.

Letztlich geht mein herzlicher Dank an meine Eltern, meine Schwester und meinem Schwager, die mich beim Lektorat der Arbeit unterstützt und mir den notwendigen Rückhalt zur Durchführung dieser Arbeit gegeben haben.

Inhaltsverzeichnis

III   Entwicklung eines Bezugsrahmens zur Bewertung grundlegender, aufbauorganisatorischer Gestaltungsgrößen in der OP-Organisation

7   Hypothesen zur Wirkung grundlegender Parameter der Organisationsgestaltung

8   Zielgrößen

9   Gestaltungsgrößen

10   Modellierung der OP-Prozesse

Abbildungsverzeichnis

Tabellenverzeichnis

Abkürzungsverzeichnis

ACH .... Allgemeinchirurgie

BETA .... Beta-Verteilung

C-Bogen .... Röntgen-Gerät

DRG .... Diagnosis Related Groups - Diagnosebezogene Fallgruppen

empir. .... empirische Verteilung

ERLA .... Erlang-Verteilung

fd .... Gestaltungsoption fest installierte Geräte, dezentrale OP-Organisation

fz .... Gestaltungsoption fest installierte Geräte, zentrale OP-Organisation

GAMM .... Gamma-Verteilung

HF-Gerät .... Hochfrequenz-Chirurgiegerät, 'Elektroskalpell'

HNO .... Hals-Nasen-Ohren-Chirurgie

k .... Korrelationskoeffizient

LOGN .... Longnormal-Verteilung

md .... Gestaltungsoption mobile Geräte, dezentrale OP-Organisation

MN .... Minimum

MW .... Mittelwert

MX .... Maximum

mz .... Gestaltungsoption mobile Geräte, zentrale OP-Organisation

NORM .... Normal-Verteilung

OP .... Operation

p .... Signifikanzwert

r2 .... Quadratischer Fehler

theor. .... theoretische Verteilung

TRIA .... Dreiecks-Verteilung

WEIB .... Weibull-Verteilung

ZVK .... Zentraler Venen-Katheter

Teil I

Einleitung

Kapitel 1

Motivation

1.1 Bedeutung der operativen Leistungserbringung

Im Wachstumsmarkt Gesundheitswesen stellt das Krankenhauswesen einen der kostenintensivsten Bereiche dar (Oberender et al. 2006). Nach der Beschäftigtenzahl entspricht es etwa der Größe des Banken- und Versicherungsgewerbes (Helmig 2005, S. 52 ff). Mit der Kostenexplosion im Gesundheitswesen steigt auch der Druck auf eine wirtschaftliche Leistungserstellung. Entsprechend unterliegt das Krankenhauswesen in Deutschland seit einigen Jahren einem starken Strukturwandel hin zu nachfrageorientierten Dienstleistungsunternehmen (Adam 1996), die untereinander in einem steigenden Wettbewerb stehen.

Dieser Wettbewerb stellt für Krankenhäuser eine reale Existenzbedrohung dar, und die Zahl der Einrichtungen verringert sich durch Krankenhausschließungen (Helmig 2005, S. 42). Neben der sinkenden Anzahl der Krankenhäuser ist die stationäre Leistungserbringung gekennzeichnet durch eine steigende Anzahl an Patienten und Liegezeitverkürzungen, was zu einer steigenden Leistungsdichte in Kliniken führt. Zusätzlich hat die Einführung des leistungsorientierten Vergütungssystems der „diagnosebezogenen Fallgruppen" (DRG: Diagnosis Related Groups) zum Ziel, den Wettbewerb zwischen den Krankenhäusern zu intensivieren und zwingt verstärkt zu wirtschaftlichem Denken und Handeln (Bauer und Bach 1999; Schleppers et al. 2003).

Vor dem Hintergrund der steigenden Leistungsdichte und der Notwendigkeit im Wettbewerb ökonomische Reserven zu mobilisieren, gewinnen operative Leistungen als Kernkompetenz eines Krankenhauses zunehmend an Bedeutung. Hierbei rückt der Operationsbereich eines Krankenhauses stärker in den Fokus (Berry et al. 2008). Die Operation (OP) eines Patienten ist die zentrale Maßnahme für die chirurgische Therapie (Schumpelick und Treutner 1999; Riedl 2002). Darüber hinaus ist der OP-Bereich einer der kostenintensivsten Funktionsbereiche einer Klinik. Aufgrund der hohen Personalintensität und einer technisch hochwertigen Ausstattung des OP-Bereichs verursachen Operationen ca. 25-50% der Behandlungskosten operierter, stationärer Patienten (Macario et al. 1995; Schleppers et al. 2003; Geldner et al. 2003). Dies belegt, dass der operative Eingriff in der stationären Versorgung den wichtigsten Teil der medizinischen Wertschöpfungskette darstellt (Schumpelick und Treutner 1999).

Hinzu kommt eine hohe Dynamik der Umweltfaktoren im Krankenhaus, welche die Leistungserstellung im OP-Bereich prägt. Die Struktur der zu versorgenden Patienten wandelt sich hin zu multimorbiden Patienten (Gorschlüter 2001) mit zunehmend komplexeren Erkrankungsbildern, die spezielle diagnostische und therapeutische Maßnahmen erfordern. Gleichzeitig führt auch der medizinisch-technische Fortschritt zu einer hohen Dynamik in der Leistungserbringung (Köck 1995; Gorschlüter 2001). So werden alternative Narkosemethoden und OP-vorbereitende Medikationen zugunsten verkürzter postoperativer Prozesse eingesetzt sowie Konzepte des ambulanten Operierens und der „Fast-track-surgery" möglich (Weiss et al. 2005). Weiterhin können neue intraoperative Diagnosemethoden und minimalinvasive Interventionsmethoden durch den Einsatz mobiler CT-, Ultraschall- oder Endoskopiegeräte realisiert werden.

Diese Veränderungen im Krankenhausumfeld ermöglichen neue Behandlungsformen und -abläufe, welche die Umsetzung evidenzbasierter Qualitätsaspekte sowie OP-Reorganisationen aus wirtschaftlichen Gesichtspunkten erfordern (Gebhard et al. 2003).

1.2 Gewachsene Organisationsstrukturen

Der hohen Dynamik im Krankenhausumfeld stehen jedoch starre, historisch gewachsene Organisationsstrukturen gegenüber. Die Organisationsstruktur der Krankenhäuser zeichnet sich durch eine strikte berufsgruppenspezifische Trennung (Ärztlicher Dienst, Pflegedienst, Verwaltungs- und Wirtschaftsdienst) aus und untergliedert sich entlang medizinischer Fachdisziplinen in Fachabteilungen oder Fachkliniken, wie z.B. Allgemeinchirurgie, Innere Medizin, Hals-Nasen-Ohren-Heilkunde (Sibbel 2004, S. 102 f; Helmig 2005, S. 49). Diese funktionalen und berufsständisch orientierten Organisationsstrukturen (Adam und Gorschlüter 1999, S. 100; Sibbel 2004, S. 105) sind historisch gewachsen (Trill 2000, S. 125; Sibbel 2004, S. 102, 105).

Sie sind gekennzeichnet durch einen hohen Grad an Professionalisierung und Spezialisierung. Ihre Ausgestaltung folgt konsequent den tayloristischen Prinzipien der Arbeitsteilung, Spezialisierung und Hierarchisierung (Sibbel 2004, S. 105). Zudem erhöhen der medizinisch-technische Fortschritt und der zunehmende Professionalisierungsgrad die Spezialisierung medizinischer Fachgebiete. Entsprechend entwickeln sich Krankenhausstrukturen verstärkt hin zu „Expertenorganisationen" (Sibbel 2004, S. 104).

Wie viele medizinische Disziplinen bzw. Fachkliniken ein Allgemeinkrankenhaus vorhält (d.h. wie breit das entsprechende Leistungsangebot ist), hängt zu einem Großteil vom Versorgungsauftrag ab. Dabei gibt der Krankenhausbedarfsplan des Bundeslandes vor, wie breit das Leistungsspektrum des jeweiligen Krankenhauses angelegt sein muss (Helmig 2005, S. 48 ff). Die Versorgungsaufträge werden über die Versorgungsstufen der „Grund-, Regel-, Schwerpunkt- und Maximalversorgung" geregelt. Während Häuser der Grundversorgung für den regionalen Bedarf ausgelegt sind und nur die grundlegenden Fachabteilungen der Chirurgie, Inneren Medizin und der Gynäkologie abdecken, bieten die höheren Versorgungsstufen ein jeweils differenzierteres Leistungsspektrum. Häuser der Maximalversorgung, wie Universitätskliniken, müssen demnach alle wichtigen Fachrichtungen und Leistungen bereit halten, die untergeordnete Versorgungsstufen nicht erbringen können (z.B. Neurochirurgie, Nuklearmedizin, Strahlentherapie).

Diese Vorgaben und die historisch gewachsenen Strukturen prägen auch die OP-Organisation. In den meisten Krankenhäusern (68%) sind die verschiedenen Operationssäle bzw. Operationsbereiche - dem traditionellen Konzept entsprechend - verschiedenen operativen Disziplinen (z.B. Allgemeinchirurgie, Neurochirurgie, Herzchirurgie, Hals-Nasen-Ohren Chirurgie) fest zugeordnet (Denz et al. 2007). In den anderen Krankenhäusern liegt eine leicht variierte, funktionale oder gemischte Zuordnung vor (Denz et al. 2007). Die OP-Bereiche werden zumeist dezentral, analog der Spezialisierung der medizinischen Disziplinen bereitgestellt. Die Koordination der Abläufe erfolgt in der Regel auf Basis von persönlichen (Ad-hoc-) Absprachen und Weisungen (Denz et al. 2007).

Hinsichtlich der Organisationsform des OP-Bereiches verfügen nach Denz et al. (2007) 62% der Häuser über ein zentrales OP-Management, in 38% wird die Planung der Operationen dezentral geleistet. Ein „zentrales OP-Management" wird dabei als eine zentrale Stelle definiert, die berufsgruppenübergreifend die OP-Planung für einen gesamten OP-Bereich vornimmt. Eine OP-bereichsübergreifende Nutzung und gemeinsame Koordination mehrerer chirurgischer Disziplinen und OP-Bereiche findet dabei nicht statt. Lediglich in 15% der Fälle erfolgt eine gemischte Zuordnung der OP-Bereiche, bei der die OP-Säle zu verschiedenen Tagen oder Zeiten unterschiedlichen Disziplinen bzw. Fachkliniken zugeteilt sind.

1.3 Symptome der OP-Organisation

Inwieweit diese gewachsenen Strukturen der Schlüsselstellung der OP-Bereiche gerecht werden, ist fraglich, da sie noch erhebliches Verbesserungspotential aufweisen (Morra 1996; Busse 2004; Denz et al. 2007). Trotz neuer Entwicklungen und Konzepte im OP-Management, wird in der Literatur (Morra 1996) und in Untersuchungen zum Stand des OP-Managements (Busse 2004; Denz et al. 2007) über Ineffizienzen im OP-Betrieb berichtet. Im klinischen Alltag wird das Bild durch eine geringe OP-Auslastung sowie häufige OP-Absagen (Morra 1996; Denz et al. 2007) bestimmt.

Laut einer Studie von Fernandopulle (2001) liegt die OP-Effizienz in Bezug auf Auslastung, Überstunden und Terminverlässlichkeit weit ab von den erreichbaren Zielen. Somit kann das OP-Management als ein Bereich mit signifikantem Effizienzpotential angesehen werden. Ein zentrales OP-Management zeigt zwar eine positive Wirkung bei Problemen mit unklaren Ordnungs- und Weisungsstrukturen (Denz et al. 2007), führt aber im Rahmen der bestehenden dezentralen und spezialisierten OP-Bereiche nicht zu einem effizienteren OP-Betrieb. So zeigt sich in der OP-Organisation, dass die nach medizinischen Disziplinen und funktional orientierten Organisationsstrukturen der Krankenhäuser den Anforderungen einer effizienten, fach- und bereichsübergreifenden Leistungserstellung nicht gerecht werden (Sibbel 2004, S. 102, 105; Adam und Gorschlüter 1999, S. 100).

Vor diesem Hintergrund ist es die Aufgabe des OP-Managements, neben der Steuerung des operativen OP-Betriebs eine möglichst effiziente Gestaltung der OP-Organisation zu gewährleisten. Gewachsene Strukturen im OP-Management müssen überprüft und auf Umgestaltungsmaßnahmen untersucht werden.

Kapitel 2

Zielsetzung und Forschungsmethodik

2.1 Zielsetzung

Ziel dieser Arbeit ist es, die Wirkung grundlegender, aufbauorganisatorischer Gestaltungsgrößen in der OP-Organisation zu analysieren und darauf aufbauend Empfehlungen zur Ausgestaltung von OP-Bereichen abzuleiten.

Aktuelle Entwicklungen im OP-Management versuchen durch Maßnahmen zur Umstrukturierung der OP-Organisation einen effizienteren OP-Betrieb zu gewährleisten. Insbesondere Maßnahmen wie die Zentralisierung von OP-Bereichen und der Einsatz mobiler Geräte (Schleppers et al. 2003; Bender 2003; Pinkernelle 2003; Choi und Erdem 2000) werden hierbei diskutiert. Die Zentralisierung von OP-Bereichen kann die doppelte Vorhaltung von Spezialgeräten und Notfallkapazitäten verringern und der Einsatz mobiler Geräte ermöglicht eine flexible Umrüstung der OP-Säle. Diese Maßnahmen ermöglichen es, eine redundante Ressourcenvorhaltung zu vermeiden und einen flexibleren OP-Betrieb zu gewährleisten (Kuo et al. 2003). Daher werden in dieser Arbeit Varianten im Zentralisierungsgrad der OP-Organisation und im Grad der Ressourcenmobilität ausgewählt und evaluiert. Die Evaluation selbst erfolgt unter Verwendung detailgenauer OP-Prozessmodelle,

- die eine höhere Modellierungstiefe aufweisen, sodass keine Verzerrung bei der Bewertung alternativer OP-Konfigurationen entsteht und

- die organisatorische Interdependenzen durch die Offenlegung grundlegender Gestaltungsparameter der OP-Organisation transparent werden lassen.

2.2 Abgrenzung des Untersuchungsumfangs

In dieser Untersuchung werden Krankenhäuser mit Bindung an einen Versorgungsauftrag betrachtet. Das Leistungsspektrum und der anfallende Behandlungsbedarf sind hier kaum beeinflussbar. Eine Spezialisierung im Leistungsangebot, d.h. eine Segmentierung des Leistungsangebotes, ist für diese Krankenhäuser nur bedingt möglich. In der Regel gibt der Gesetzgeber mit dem Versorgungsauftrag ein Mindestmaß an Fachabteilungen und deren Leistungsspektrum vor. Damit determiniert er bis zu einem gewissen Grad die notwendige Ressourcenvorhaltung und die Kostenstruktur der Häuser (Helmig 2005, S. 48 ff). Lediglich Fachkrankliniken und Nischenanbieter (Helmig 2005, S. 50, 144) sind in der Lage sich unter der Ausnutzung von Lernkurveneffekten auf lukrative Therapieformen oder Krankheitsarten zu spezialisieren. Allgemeinkrankenhäuser hingegen sind für die Versorgung von Akutkranken zuständig und nehmen nach ihrem Versorgungsauftrag alle Patienten auf.

In dieser Arbeit werden beispielhaft zwei chirurgische Disziplinen betrachtet, die geeigneterweise zusammengelegt werden können. Der erste Fachbereich ist die Allgemeinchirurgie (ACH), welche in der Regel bereits in Krankehäusern der Grundversorgung vorzuhalten ist. Sie weist tendenziell lange Eingriffe, eine aufwändige Patientenvorbereitung und ein heterogenes Patientenspektrum auf. Zum Ende des OP-Tages entstehen in den einzelnen OP-Sälen häufig Restlaufzeiten. Durch die langen Eingriffsdauern können diese Restlaufzeiten häufig nicht genutzt werden, ohne dass erhebliche Überstunden anfallen. Für eine Zusammenlegung von OP-Bereichen eignen sich daher vor allem OP-Bereiche mit kurzen Eingriffsdauern. Zudem dürfen diese Fachbereiche keine höheren Hygieneanforderungen als die der ACH aufweisen. Ein Bereich der diese Anforderungen erfüllt ist die Hals-Nasen-Ohren Chirurgie (HNO), welche durch kürzere OP-Dauern und homogenere Eingriffe gekennzeichnet ist. Abbildung 2.1 zeigt beispielhaft die Verteilung der Operationsprozeduren in der ACH und der HNO in einem Universitätsklinikum der Maximalversorgung. In der HNO (obere Kurve) werden bereits mit 20% der angebotenen OP-Prozeduren 80% der Behandlungsfälle abgedeckt. Das Patientengut stellt sich also als relativ gut standardisierbar dar. In der ACH (untere Kurve) hingegen werden erst mit 40% der angebotenen OP-Prozeduren 80% der Behandlungsfälle abgedeckt.

Entsprechend den Entwicklungen im OP-Management (Schleppers et al. 2003; Bender 2003) wird der OP-Bereich als „Dienstleistungszentrum" für die chirurgischen Kliniken betrachtet. Als interne Servicestelle ist es seine Aufgabe, Räume, Personal und Material im OP-Bereich vorzuhalten sowie OP-Termine bereitzustellen und zu koordinieren.

Der Fokus der Untersuchung liegt auf der Analyse der primären Wertschöpfungskette im OP-Bereich, welche die Verbesserung des Gesundheitszustandes eines Patienten zum Ziel hat (Heinzl et al. 2001). Entsprechend bezieht sich die Betrachtung auf patientenbezogene Aktivitäten in der Leistungserbringung. Sekundäre Aktivitäten z.B. aus dem Bereich der Personalverwaltung oder Logistik sind daher nicht einbezogen.

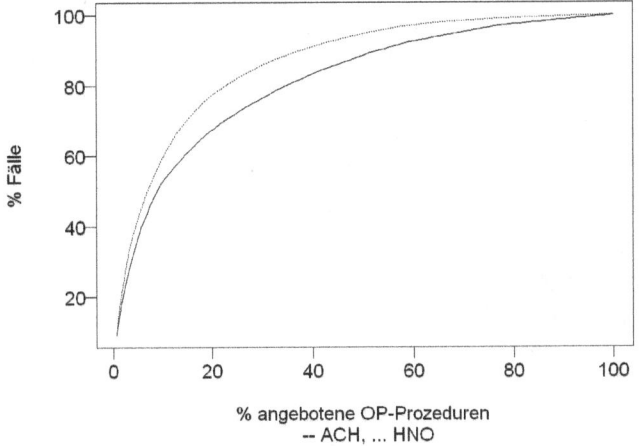

Abbildung 2.1: Kumulative Verteilung der OP-Prozeduren in der ACH und der HNO

2.3 Forschungsmethodik

Der OP-Bereich eines Krankenhauses und die zugehörigen Prozessabläufe lassen sich zu Analysezwecken als eine Kombination von Bedienstationen darstellen und als Wartesystem modellieren. Zur Analyse solcher Systeme eignen sich insbesondere die Warteschlangentheorie oder simulationsbasierte Ansätze (Zapf und Heinzl 2001).

Die Warteschlangentheorie ermittelt Kenngrößen des Systemverhaltens, wie Leistungskennzahlen, über geschlossene mathematische Modelle und Ausdrücke. Sie erlaubt eine anschliessende Anlayse der Zusammenhänge zwischen Leistungsgrößen und Gestaltungsvariablen und die Ermittlung optimaler Lösungen (Zapf und Heinzl 2001).

Die Simulation hingegen ermittelt die Leistungsgrößen bestimmter Gestaltungsoptionen über die Ausführung einer Reihe von Verarbeitungsschritten. Über den Vergleich mehrerer Systemalternativen ermöglicht die Simulation ein zielgerichtetes Experimentieren, jedoch nicht die Bestimmung optimaler Lösungen. Im Gegensatz zur Warteschlangentheorie weist die Simulation jedoch eine höhere Modellierungsmächtigkeit auf. Sie erlaubt die Abbildung komplexer, realer Systeme mit frei wählbaren Modellannahmen sowie die Abbildung beliebiger - auch empirischer - Wahrscheinlichkeitsverteilungen (Zapf und Heinzl 2001).

Die OP-Organisation stellt ein System komlexer und interdependenter Prozessabläufe (Zöller et al. 2006a; Baumgart et al. 2007) mit diversen stochastischen Störfaktoren (z.B. Notfälle, Ankunft externen Personals) und empirisch verteilten Behandlungsdauern dar. Dies lässt sich in den rigiden Modellannahmen der Warteschlangentheorie nicht abbilden.

Die Simulation hingegen erlaubt die Integration empirischer Modelleigenschaften. Zudem ist sie ein geeignetes Instrument um das dynamische Prozessgeschehen und die daraus resultierenden Wechselwirkungen verschiedener Gestaltungsparameter abzubilden (Zapf und Heinzl 2001; Sibbel 2004, S. 158-165).

Methodisch wird die Untersuchung grundlegender Gestaltungsgrößen in der OP-Organisation daher im Rahmen einer Simulationsstudie (Wilde und Hess 2007; Heinrich et al. 2007, S. 99) durchgeführt. Dabei lassen sich folgende Zwischenschritte genauer spezifizieren:

- Modellentwicklung:
  Die Struktur der Prozessmodelle basiert auf bestehenden Prozessbeschreibungen in der Literatur sowie auf empirisch erhobenen Referenzprozessen aus einer eigenen Feldstudie zu OP-Abläufen. Die Erhebung der Verhaltensparameter (Behaundlungsdauern, Störgrößen etc.) erfolgt durchgängig anhand empirischer Beobachtungen. Da der Bezugsrahmen und das OP-Referenzmodell dieser Arbeit wesentliche Ergänzungen zum Stand der Forschung enthalten, wird die Aussagekraft des Simulationsmodells mittels Expertengesprächen und einer statistischen Validierung getestet. Darüber hinaus wird überprüft inwieweit sich die Ergänzungen in der Prozessmodellierung auf Simulationsstudien in der OP-Organisationsgestaltung auswirken.

- Simulationsstudie:
  Die Untersuchung der ausgewählten Gestaltungsparameter in der OP-Organisation erfolgt über die Konstruktion idealtypischer Gestaltungsoptionen und deren Evaluation anhand simulativer Stichprobenexperimente. Der Einfluss der Gestaltungsvariablen auf die Leistungsgrößen des Modells wird mittels statistischer Analysen ausgewertet.

- Versuch einer Verallgemeinerung der Befunde:
  Anhand der in der Simulationsstudie gewonnenen Erkenntnisse werden im Wege der Induktion generalisierbare Aussagen zur Gestaltung von OP-Organisationen abgeleitet. Weiterhin wird der organisationstheoretische Beitrag der Studie in bestehende Theorien und Erkenntnisse zur Organisationsgestaltung eingeordnet.

Kapitel 3

Gang der Untersuchung

Die vorliegende Arbeit befasst sich mit der Spezifikation und Evaluation von Gestaltungs-optionen in der OP-Organisation. Es werden folgende Fragen adressiert:

- Welches sind die entscheidenden Gestaltungsparameter in der OP-Organisation?

- Wie wirken sich diese auf die Organisationseffizienz im OP aus?

Zur Beantwortung dieser Fragestellungen gliedert sich der Gang der Untersuchung in die vier Abschnitte „Grundlagen der OP-Organisation", „Entwicklung des Bezugsrahmens", „Durchführung der Effizienzanalyse" und „Zusammenfassung und Ausblick". Diese vier Abschnitte finden sich in den Teilen II bis V dieser Arbeit (vgl. Abbildung 3.1). Die Inhalte dieser Teile werden im Folgenden kurz umrissen.

1. Grundlagen der OP-Organisationsgestaltung:

   Im ersten Teil werden der Begriff der OP-Organisation und die Aufgaben der Or-ganisationsgestaltung definiert. Es werden grundlegende Gestaltungsparameter und Erkenntnisse über deren Wirkung vorgestellt. Anschließend wird der Stand der For-schung zur Ausgestaltung der OP-Organisation aufgearbeitet. Dabei werden Ar-beiten zur Aufbau- und Ablauforganisation aus unterschiedlichen Disziplinen be-rücksichtigt. Darauf aufbauend wird der Forschungsbedarf verdeutlicht und es wer-den ausgewählte Fragestellungen zur Gestaltung von OP-Organisationen identifi-ziert und erläutert.

2. Entwicklung des Bezugsrahmens:

   Im zweiten Teil wird der Bezugsrahmen der Arbeit spezifiziert. Zunächst werden Hypothesen über die Wirkung grundlegender Gestaltungsparameter in der OP-Organisation entwickelt. Diese bilden den theoretischen Hintergrund für das spätere Design der Simulationsstudie (in Abschnitt 11).

   Weiterhin ist es die Aufgabe des Bezugsrahmens die Rahmenbedingungen und Prä-missen für eine Simulationsstudie zur OP-Organisationsgestaltung zu strukturieren und offenzulegen, sodass diese ex post auch für Außenstehende nachvollziehbar ist.

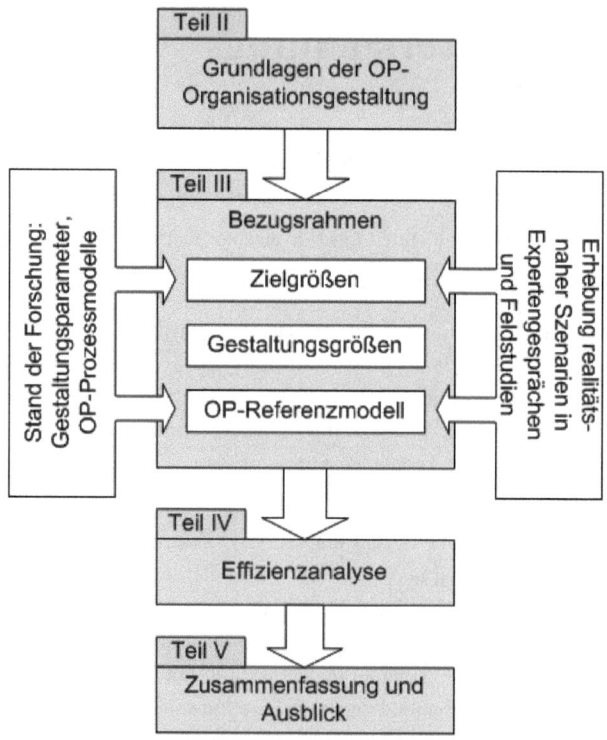

Abbildung 3.1: Gang der Untersuchung

Der Bezugsrahmen spezifiziert die Zielgrößen zur Evaluation einer OP-Organisation, die relevanten Gestaltungsparameter für die OP-Organisation, sowie ein Referenzmodell für die betrachteten OP-Abläufe. Bei der Entwicklung des Bezugsrahmens werden Gestaltungsgrößen, Kennzahlen und OP-Prozesse aus dem Stand der Forschung bestehender Arbeiten berücksichtigt. Zudem sichert die Einbeziehung von Expertenmeinungen und Informationen aus eigenen Feldstudien einen adäquaten Anwendungsbezug.

Um alternative OP-Organisationen bewerten und vergleichen zu können werden im ersten Schritt die Zielgrößen der OP-Organisation ausgewählt. Die Evaluationsmetrik wird festgelegt und operationalisiert die Messbarkeit der OP-Effizienz. Hierfür werden Kennzahlen aus dem täglichen OP-Betrieb herangezogen, welche eine Evaluation der Prozess-, Ressourcen- und Anpassungseffizienz ermöglichen.

Die Gestaltungsparameter geben den Handlungsspielraum in der Ausgestaltung von OP-Organisationen vor und bilden eine Art „morphologischen Kasten" mit möglichen Gestaltungsoptionen für OP-Bereiche. Die Gestaltungsparameter basieren auf Parametern aus dem Stand der Forschung sowie auf Beobachtungen aus einer eigenen Feldstudie.

Abschließend erfolgt die Entwicklung und Validierung eines Referenzmodells für OP-Abläufe. Das Referenzmodell spezifiziert Einzelprozesse, Ressourcenbedarfe und Ablaufregeln einer Patientenbehandlung im OP-Bereich. Es ermöglicht die Abbildung der OP-Abläufe und deren dynamisches Verhalten im OP-Betrieb. Dieses dynamische Verhalten resultiert - insbesondere bei mehreren OP-Sälen - aus inhärenten Wechselwirkungen zwischen parallelen Prozessen und aus einer gemeinsamen Ressourcennutzung. Über diese Prozesse werden entsprechend auch Interdependenzen von Gestaltungsparametern der Aufbau- und Ablauforganisation eines OP-Bereiches determiniert. Um diese Zusammenhänge adäquat erfassen zu können, wird ein OP-Referenzmodell entwickelt, das die OP-Organisation und die OP-Abläufe ausreichend detailgenau abbildet und Rückschlüsse auf die zuvor identifizierten Gestaltungsparameter erlaubt.

3. Durchführung der Effizienzanalyse:
   Der dritte Teil der Untersuchung beinhaltet die Durchführung der Effizienzanalyse. Die ausgewählten aufbauorganisatorischen Gestaltungsparameter der OP-Organisation werden gemäß dem entwickelten Bezugsrahmen evaluiert. Hierfür umfasst Teil IV der Arbeit die Konzeption und Spezifikation von Testszenarien, die Präsentation der Evaluationsergebnisse sowie Analysen bezüglich der Wirkung grundlegender Gestaltungsparameter.

4. Zusammenfassung und Ausblick:

Der vierte Teil fasst den entwickelten Bezugsrahmen und die Ergebnisse der Untersuchung zusammen. Basierend auf der Effizienzanalyse aus Teil IV werden Gestaltungsempfehlungen für grundlegende, aufbauorganisatorische Parameter in der OP-Organisation gegeben. Neben diesen praxisbezogenen Erkenntnissen wird auch der organisationstheoretische Beitrag der Studie zusammengefasst. Abschliessend werden im Ausblick weitere Einsatzfelder von Simulationsstudien zur Unterstützung der OP-Organisationsgestaltung erörtert und der daraus resultierende Forschungsbedarf dargelegt.

Teil II

Grundlagen der
Organisationsgestaltung im OP

Kapitel 4

Definition der OP-Organisation

4.1 Begriff der OP-Organisation

In der Literatur existieren drei unterschiedliche Sichtweisen auf den Begriff der Organisation (Sibbel 2004, S. 54). Zum einen wird Organisation als ein Vorgehen verstanden. In diesem Fall liegt ein **funktionaler Organisationsbegriff** vor. Er bezieht sich auf die Formulierung von Regeln, die das Zusammenwirken verschiedener Personen bei der Erfüllung einer arbeitsteiligen Aufgabe gestalten (Becker et al. 2005, S. 244 f). Das Ergebnis dieses Vorgehens ist ein „zielgerichtetes, offenes und soziales Gebilde mit einer formalen Struktur" (Becker et al. 2005, S. 245). Dieses Gebilde wird mit dem **institutionellen Organisationsbegriff** adressiert. Die dritte Sichtweise ist der **instrumentelle Organisationsbegriff**, welcher die Organisation als „Instrument zur Zielerreichung soziotechnischer Systeme" (Grochla 1982, S. 1) begreift. Er umfasst die Organisationsstruktur - d.h. die Mittel, die der Zielerreichung dieses soziotechnischen Systems dienen - und die Organisationsgestaltung - d.h. Instrumente, mit denen diese Mittel geplant und realisiert werden (Becker et al. 2005, S. 245).

In dieser Arbeit wird die OP-Organisation unter dem instrumentellen Organisationsbegriff betrachtet. Aus dieser Sicht weist die Organisationsstruktur Merkmale auf, die sich systematisch erfassen und zielgerichtet gestalten lassen (Sibbel 2004, S. 55). Zur besseren Untergliederung wird die Organisationsstruktur in Aufbau- und Ablauforganisation unterteilt (Jung 2001, S. 241). Diese Untergliederung stellt jedoch primär eine gedankliche Unterscheidung dar (Sibbel 2004, S. 56; Jung 2001, S. 241), denn es ergeben sich Verflechtungen und Wechselwirkungen zwischen den Gestaltungsgrößen der Aufbau- und Ablauforganisation. Zudem resultieren aus der Organisationsstruktur und dem darin festgelegten Zusammenspiel der Leistungsprozesse kapazitätswirksame Effekte, die eine Rückwirkung auf die Ressourcenvorhaltung haben (Sibbel 2004, S. 81 f).

4.2   Aufgabe der Organisationsgestaltung

Aufgabe der OP-Organisationsgestaltung ist es, die OP-Organisation bzw. die Organisationsstruktur so zu gestalten, dass ihre betrieblichen Zielsetzungen bestmöglich erfüllt werden können (Jung 2001, S. 240). Die Aufbau- und Ablauforganisation sollten dabei den betrieblichen Anforderungen bestmöglich entsprechen und in Abstimmung mit der Ressourcenvorhaltung möglichst bedarfsgerecht im quantitativen und qualitativen Sinne ausgelegt werden.

Um Entscheidungen zur Gestaltung der OP-Organisation treffen zu können, müssen konkrete Zielsetzungen bekannt sein, die eine Bewertung der zur Verfügung stehenden Gestaltungsparameter erlauben. Dies schließt eine Bewertung der Leistungsprozesse ein, welche die Wechselwirkungen der Aufbau- und Ablauforganisation und den resultierenden Kapazitätseffekt (Remer 2000, S. 19) determinieren. Die Auswahl dieser Gestaltungsoptionen und die Definition der relevanten Zielgrößen ist die Aufgabe der OP-Organisationsgestaltung.

4.3   Parameter der Organisationsgestaltung und deren Wirkung

Merkmale und grundlegende Gestaltungsparameter einer Organisationsstruktur ergeben sich aus verschiedenen Strukturdimensionen, wie z.b. die Leistungsspanne, der Grad der Spezialisierung, die Zentralisierung und Formalisierung oder der Grad der Ressourcencpezifität und Professionalisierung (Robbins 2001; Sibbel 2004; Siebenbrock und Zeilinger 2008; Picot 2005).

Zwischen den Gestaltungsparametern dieser Strukturdimensionen bestehen Wechselwirkungen, welche die Effektivität einer Organisation beeinflussen (Kumar et al. 1993; Jansen-Vullers und Reijers 2005). Wieweit diese durch strukturelle Parameter verbessert werden kann, hängt zudem von weiteren Faktoren ab, wie z.B. der Art des vorliegenden Problems, den gewählten Zielgrößen oder den Möglichkeiten der Informationsversorgung (Kumar et al. 1993; King 1983; Kathawala und Lingaraj 1990; Collingridge und James 1989).

Für die Organisationsgestaltung ergibt sich daraus eine komplexe Aufgabe, die mit Intransparenzen bezüglich der Wirkungszusammenhänge der einzelnen Parameter konfrontiert ist (Kumar et al. 1993). Vor diesem Hintergrund untersuchen organisationstheoretische Arbeiten, welche Faktoren die Struktur einer Organisation bestimmen und wie sich diese Struktur auf die Effektivität der Organisation niederschlägt (Robbins 2001; Kumar et al. 1993; Markus und Robey 1988). Theorien zur Wirkung von Parametern der Organisationsstruktur können dabei mit Hilfe von analytischen und simulationsbasierten Ansätzen getestet werden (Carley 1995; Kumar et al. 1993). Insbesondere für den

Aspekt der Zentralisierung existieren hier bereits Erkenntnisse aus bestehenden Arbeiten (Kumar et al. 1993; Malone 1987).

Malone (1987) untersucht die Wirkung alternativer Organisationsstrukturen. Er betrachtet unter anderem eine „product hierarchie", in welcher die Organisation nach Produktlinien gegliedert ist und eine „functional hierarchie" in welcher eine Gliederung nach funktional homogenen und zentralisierten Bereichen stattfindet. In Bezug auf die Effizienz einer Organisation stellt er höhere Produktionskosten (Kapazitätsvorhaltung) und geringere Koordinationskosten (Kommunikationsaufwand) für eine Produkthierarchie fest. Mit steigender Organisationsgröße wachsen die Änderungskosten (Anpassungsaufwand bei Umweltveränderungen) bei einer Produkthierarchie wesentlich stärker als bei einer funktional zentrierten Struktur.

Kumar et al. (1993) untersuchen für den Bereich der Patientensteuerung unterschiedliche Formen der Zentralisierung in der Koordination von Bettenstationen und Funktionsabteilungen (z.B. Röntgen, EKG). Sie zeigen, dass ein höherer Zentralisierungsgrad mehr Handlungsalternativen in der Planung eröffnet. Da eine stätkere Zentralisierung organisatorische Restriktionen (z.b. Kapatizätsengpässe) lockert, ermöglicht sie im Vergleich zu einer dezentralen Struktur bessere oder zumindest gleichwertige Ergebnisse. Inwieweit sich eine Zentralisierung tatsächlich in einer Verbesserung der Effizienz der Organisationsstrukturen niederschlägt, hängt zudem von anderen Faktoren, wie z.b. den Eigenschaften des Planungsproblemes oder den betrachteten Zielgrößen ab

Die im OP-Management aktuell diskutierten Maßnahmen zur Zentralisierung der OP-Organisation und der Einsatz mobiler Geräte adressieren grundlegende Parameter der Organisationsstruktur. Sie betreffen den Grad der Zentralisierung und der Ressourcenmobilität, wie im Folgenden dargestellt:

- Zentraliserung (Grad der Zentralisierung der OP-Organisation)
  Zentralisierungsmaßnahmen können sich über verschiedene Bereiche erstrecken, wie z.b. Entscheidungsbefugnisse, Funktionen (d.h. Aufgabenverantwortung) oder physikalische Ressourcen (King 1983; Siebenbrock und Zeilinger 2008, S. 294f).

  Eine Zentralisierung der OP-Organisation umfasst primär die Zentralisierung der Koordinationsfunktion im OP-Betrieb sowie die Zentralisierung entsprechender Entscheidungs- und Ordnungskompetenzen (Bender 2003; Schleppers et al. 2003). Zudem kann eine gleichzeitige Zentralisierung von physischen Ressourcen in zentralen OP-Bereichen stattfinden. Mit einer Zentralisierung der OP-Organisation werden die OP-Bereiche aus verschiedenen Disziplinen (d.h. Produktlinien) nach einer funktionsorientierten Struktur zentralisiert.

- Mobile Ressourcen (Grad der Ressourcenmobilität)
  Mit der Ressourcenmobilität wird festgelegt, wie flexibel die bereitgestellten Ressourcen verwendet werden können. Für eine entsprechend größere Flexibilität wer-

den in der Produktion z.b. mobile Strukturen entwickelt, die eine höhere Mobilität von Maschinen und Produktionsanlagen ermöglichen (Behrens und Kaluza 2005, S. 14 f). Analog dazu kann die Ressourcenmobilität in der OP-Organisation durch die Bereitstellung mobiler Spezialgeräte erhöht werden. Diese mobilen Geräte ermöglichen es, OP-Säle je nach Bedarf umzurüsten (Denz et al. 2008). Im Gegensatz zu einer fixen Installation sind sie somit flexibler nutzbar und der Einsatz dieser Geräte ist nicht mehr auf bestimmte OP-Säle beschränkt.

Aus organisationstheoretischer Sicht stellt sich die Frage,

- ob sich die in anderen Gebieten festgestellte Vorteilhaftigkeit der Zentralsierung auch in der OP-Organisation bestätigen lässt,

- wie sich die Ressourcenmobilität und

- wie sich das Zusammenspiel beider Parameter

auf die OP-Organisation auswirken.

Kapitel 5

Stand der Forschung zur Gestaltung von OP-Organisationen

Die Frage der Gestaltung von OP-Organisationen wird in der Literatur von unterschiedlichen Disziplinen mit unterschiedlichen Methoden adressiert. Im Bereich der Lebenswissenschaften existieren Arbeiten zur Entwicklung von OP-Management-Konzepten. Sie definieren OP-Statute, in welchen die Aufbauorganisation und die Struktur eines zentralen OP-Managements geregelt sind. Diese Statute umfassen organisatorische Entscheidungskompetenzen und Weisungsbefugnisse der verschiedenen Personen- und Berufsgruppen im OP-Bereich (Bender 2003; Gebhard et al. 2003; Schleppers et al. 2003; Geldner et al. 2003; Reißmann et al. 2003; Riedl 2002).

Darüber hinaus existieren im Bereich der Geistes- und Naturwissenschaften eine Reihe von Arbeiten, welche insbesondere die Auswirkungen von Prozessrekonfigurationen und Änderungen in der Ablauforganisation eines OP-Bereiches untersuchen. Methodisch werden sie häufig in Simulationsstudien analysiert. Aus den Ergebnissen dieser Studien leiten sich Handlungsempfehlungen für bestimmte Gestaltungsalternativen ab, wie z.B. unterschiedliche OP-Layouts (räumliche Ausstattung), Ablaufstrategien oder Vorhersagen für den erwarteten Personal- und Raumbedarf (Jun et al. 1999; Lowery und Davis 1999; Denton et al. 2006; Hanss et al. 2005). Weitere Untersuchungsmethoden stellen exakte Verfahren dar. Sie evaluieren die Fragestellungen der OP-Gestaltung mittels mathematischer Modelle. Als Ergebnis suchen sie die beste Lösung aus mehreren Gestaltungsoptionen (Kuo et al. 2003; Jebali et al. 2006; Beliën und Demeulemeester 2007).

Die bestehenden Arbeiten lassen sich nach ablauforganisatorischen und aufbauorganisatorischen Fragestellungen der OP-Gestaltung unterscheiden. Zur Aufbauorganisation zählen langfristige Aspekte, wie die administrative Zuordnung der OP-Säle über Fachbereiche hinweg oder Alternativen in der Art der physisch vorgehaltenen OP-Kapazitäten. In der Ablauforganisation sind nachgelagerte Entscheidungen zu treffen, z.B. bezüglich dem Ressourcen- und Personaleinsatz im OP-Bereich, oder Strategien zur Patienteneinbestellung und Reihenfolgeplanung. Eine vergleichbare Unterscheidung in aufbau- und ablauforganisatorische Arbeiten nehmen Denton et al. (2006) vor. Diese teilen die Literatur in Beiträge zu langfristigen Fragestellungen des Systemdesigns und in Beiträge zu kurzfristigen Fragestellungen der Ablaufplanung ein. Entlang dieser Kategorisierung werden im Folgenden Arbeiten vorgestellt, die einen Überblick über die Fragestellungen und bisherigen Erkenntnisse zur Ausgestaltung der OP-Aufbau- und Ablauforganisation geben.

5.1 Aufbauorganisation

Im Rahmen der Aufbauorganisation von OP-Bereichen befasst sich eine Vielzahl von Autoren mit der Einführung eines professionellen OP-Managements (Bender 2003; Gebhard et al. 2003; Schleppers et al. 2003; Geldner et al. 2003; Reißmann et al. 2003; Riedl 2002). Sie geben Richtlinien für eine adäquate Organisationsstruktur, beschreiben ein zentrales OP-Management und diskutieren, wie entsprechende organisatorische Kompetenzen und Autoritäten am besten anzusiedeln sind.

Die Aufgaben und Funktionen des OP-Managements sind dabei vergleichbar mit Leitständen in der Fertigungssteuerung (Corsten 2000; Kurbel 2005). Sie werden dort eingesetzt, wo eine vollautomatische Steuerung nicht möglich ist und unterstützen die personelle Disposition (Mertens 2005). In ihnen laufen alle Informationen über das Leistungsgeschehen zusammen und es werden Entscheidungen zur Steuerung der Prozesse getroffen (Schotten 1998; Kurbel 2005). Auch das Modell hierarchischer Leitstände, in denen Instanzen verschiedener Hierarchiestufen über unterschiedliche Steuerungskompetenzen verfügen (Scheer 1997), findet sich wieder. So entscheidet die OP-Bereichsleitung z. B. über die Anzahl und Reihenfolge der durchzuführenden Operationen, wohingegen die Steuerung des OP-Betriebs (kurzfristige Kapazitäts- und Personaleinsatzplanung) von OP-Koordinatoren übernommen wird (Schleppers et al. 2003). Der OP-Koordinator entwickelt sich dabei zu einem neuen Berufsbild (Schwing 2002). Er koordiniert den täglichen OP-Betrieb und entlastet das zentrale OP-Management. Gleichzeitig ist der OP-Koordinator selbst Prozessbeteiligter und greift bei Bedarf aktiv in das Geschehen ein (z.B. durch Übernahme der Narkosevorbereitung eines Patienten im Rahmen des überlappenden Einleitens).

Ferrin et al. (2004) untersuchen den Nutzen eines monetären Anreizsystems im OP-Bereich. Es wird die Frage untersucht, in welcher Höhe Boni ausgezahlt werden können, sodass sie auch von entsprechenden Prozessverbesserungen gedeckt sind. Betrachtet werden drei Ansatzpunkte für Anreize: Antransportdauern, Vollständigkeit präoperativer Diagnostik sowie Wechselzeiten, Reinigungs- und Setupdauern im OP-Saal. In den Simulationsstudien führte nur Letzteres zu signifikanten Verbesserungen, da sich hier zusätzliche Fälle, ohne weiteren OP-Personaleinsatz einplanen ließen.

Untersuchungen zum Nutzen der bisherigen Umstrukturierung des OP-Managements

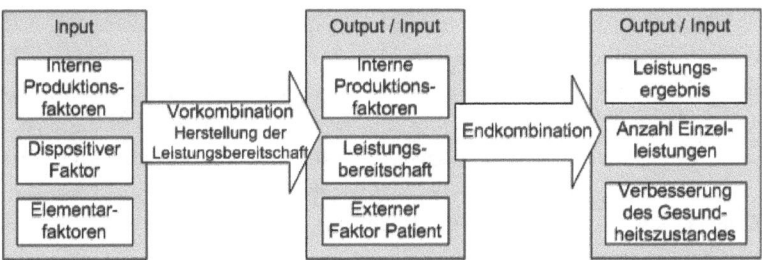

Abbildung 5.1: Mehrstufige Dienstleistungsproduktion in Anlehnung an Sibbel (2004, S. 167)

stellen jedoch noch Weiterentwicklungspotential für ein zentrales OP-Management fest. Es zeigt zwar positive Wirkungen auf transparente Weisungs- und Ordnungsstrukturen, eine Klärung organisatorischer Kompetenzen allein greift jedoch zu kurz. Die Probleme, die in den historisch gewachsenen OP-Bereichen vorliegen, konnten damit bisher nur unzureichend gelöst werden (Busse 2004; Denz et al. 2007).

Die bisherigen Arbeiten zur Umgestaltung der Aufbauorganisation von OP-Bereichen stellen somit nur einen grundlegenden Rahmen für eine notwendige berufsgruppenübergreifende Organisationsstruktur zur Verfügung, die eine Voraussetzung für ein funktionsfähiges OP-Management darstellt. Darüber hinaus ist jedoch auch eine fachbereichsübergreifende Betrachtung über mehrere bestehende OP-Bereiche zu entwickeln.

5.2 Ablauforganisation

In der Ablauforganisation ist die Durchführung der Leistungserbringung zu regeln. In einem OP-Bereich findet dabei eine mehrstufige Dienstleistungsproduktion statt. In einem ersten Schritt wird in einer Vorkombination der Produktionsfaktoren die Leistungsbereitschaft sichergestellt. Die Herstellung der Leistungsbereitschaft geschieht durch das - für einen Dienstleistungsprozess typische - Zusammenwirken der Elementarfaktoren, zu denen personelle, materielle und immaterielle Ressourcen zählen. Die Vorkombination wird durch die zuständigen Organe, in diesem Fall das OP-Management, geplant, kontrolliert und regelt die Potentialdimension der Leistungserstellung. Erst wenn durch die Vorkombination die Leistungsbereitschaft hergestellt ist, kann durch Hinzutreten des externen Humanfaktors „Patient" die Dienstleistungserstellung selbst stattfinden. Diese Phase der Endkombination entspricht der Prozessdimension der operativen Leistungserstellung (Sibbel 2004, S. 16 f).

Demnach sind bei der Ausgestaltung der OP-Ablauforganisation zwei Aspekte zu berücksichtigen: Zum einen die Potentialdimension mit der Planung der Ressourcenvorhaltung im Rahmen der Faktorvorkombination und zum anderen die Steuerung und Koordination der Prozessdimension bei der konkreten Leistungserstellung. Dabei ist zu berücksichtigen, dass die in der OP-Organisation festgelegten Prozessabläufe und Strukturen eine entscheidende Rückwirkung auf die Kapazitätsplanung haben. Es bestehen starke Wechselbeziehungen zwischen der Ausgestaltung der Organisation und der notwendigen Ressourcenvorhaltung (Schnittka 1998, S. 131-138; Sibbel 2004, S. 82). Entsprechend sind in der Ablauforganisation die Fragestellungen bezüglich der Potential- und der Prozessdimension zu betrachten.

Darüber hinaus sind bei der Gestaltung der OP-Abläufe Unsicherheitsfaktoren (z.B. bezüglich der Patientenankünfte und der Dauer einzelner Aktivitäten) zu berücksichtigen und mehrere Zielkriterien abzuwägen (z.B. Wartezeit des Patienten und OP-Leerstandszeiten). Insgesamt entsteht somit eine komplexe Organisationsaufgabe, für die heuristische und simulationsbasierte Ansätze zur Entscheidungsunterstützung entwickelt wurden.

5.2.1 Potentialdimension der Ablauforganisation

Personal

Baesler und Sepulveda (2001) untersuchen für ein Krebsbehandlungszentrum die Ausgestaltung der wichtigsten Kapazitäten. Sie suchen eine möglichst vorteilhafte Anzahl onkologischer Behandlungsplätze, Blutabnahmepfleger sowie die Labor- und Apothekenkapazität. Die Bewertung der Alternativen erfolgt nach einer multikriteriellen Zielbetrachtung. Verwendet werden die Patientenwartezeit, Platzauslastung, Pflegeauslastung und die Schließungszeit des OP-Bereiches. Für die Lösungssuche entwickeln sie ein kombiniertes Verfahren aus Simulation, Zielprogrammierung und genetischen Algorithmen. Die vier besten gefundenen Konfigurationen benötigen im Vergleich zur Ist-Situation maximal fünf zusätzliche Behandlungsplätze (40 statt 35), kommen dafür aber mit einer Pflegekraft weniger aus (fünf statt sechs). Im Ergebnis erzielen sie eine durchgängige Verbesserung des Zielerreichungsgrades von 18 bis 25%. Die vier besten gefunden Alternativen bleiben dem Entscheider zur Auswahl überlassen.

Blasak et al. (2003) analysieren in einer Simulationsstudie eine Notfallaufnahme mit angebundener telemedizinischer Abteilung. Ihr Ziel ist es, Prozesse und Engpässe zu visualisieren und die Aufenthaltszeiten in der Notfallabteilung zu verkürzen. Dazu prüfen sie unterschiedliche Prozesskonfigurationen, von denen sich das Hinzufügen einer „Triagenurse" (einer Pflegekraft, die die ankommenden Notfälle klassifiziert und weiterleitet) und eine schnellere Benachrichtigung über verfügbare Betten in der telemedizinischen Abteilung als die wirkungsvollsten herausstellen.

Denton et al. (2006) untersuchen zwei Varianten in der Personalausstattung eines OP-Bereichs mit vier OP-Sälen, in dem kurze Eingriffe durchgeführt werden (OP-Dauer im Mittel 25 min, Wechselzeit im Mittel 10 min). In der ersten Variante stehen einem

OP-Team alle vier OP-Säle zur Verfügung, in der zweiten Variante werden zwei OP-Teams bereit gestellt, denen jeweils nur zwei OP-Säle zur Verfügung stehen. Mittels eines „Simulated-Annealing" Ansatzes (von Glover und Kocher 2003) und „Monte-Carlo" Simulation nehmen sie eine Optimierung des Patientenankunftsplanes für jede der beiden Gestaltungsvarianten vor. Dabei arbeiten sie mit einem Prozessmodell mit drei Behandlungsphasen (Patientenaufnahme, operativer Eingriff, Narkoseausleitung, bzw. Aufwachzeit) und mit einer kombinierten Zielfunktion aus Patientenwartezeit und Überstunden. Sie betonen die Untersuchung von Unsicherheit in der strategischen und operativen Planung im Mehr-OP-Saal Fall mit expliziter Berücksichtigung gemeinsamer Ressourcennutzung. Als Ergebnis stellen sie fest, dass in der ersten Variante mit einem OP-Team täglich nur 16 Patienten behandelt werden können, mit der zweiten Variante pro OP-Team nur 12, insgesamt jedoch 24 Patienten. Allerdings begünstigen längere Wechselzeiten die erste Gestaltungsvariante. Insgesamt konnte im Vergleich zur Ist-Situation in der Realität ein um 50% besseres Ergebnis erreicht werden.

Räume

Lowery und Davis (1999) untersuchen vor dem Hintergrund einer OP-Renovierung, in der die Zahl der OP-Säle von 34 auf 32 reduziert wird, ob diese geringere Anzahl OP-Säle für das zu erwartende Patientenaufkommen ausreicht. Nach der Renovierung sollen in dem OP-Bereich hauptsächlich stationäre Patienten (95%) versorgt werden, ambulante und periphere Behandlungen werden in ein anderes Zentrum verlegt. Zur Patienteneinplanung wird ein „Block-Time-Scheduling" Verfahren angewendet, das solange Patienten einplant, bis eine 80-85% Auslastung der OP-Säle erreicht ist. Es werden vier Szenarien verglichen in denen die OP-Dauer der Patienten variiert (Standard-Dauer, 7% kürzer durch Lernkurveneffekte) sowie die Anzahl der jährlichen Wochenendarbeitstage (6 oder 10 Samstage). Es wird evaluiert, wie sich die Reduktion der OP-Säle auf die Anzahl behandelter Patienten und die Fallzeiten auswirkt. Als Ergebnis stellen Lowery und Davis (1999) fest, dass in jedem der vier Szenarien höchstens 30 OP-Säle benötigt wurden. Das erwartete OP-Programm ist daher - mit entsprechenden Störungen - im Rahmen der geplanten Renovierung umsetzbar.

Lovejoy und Li (2002) untersuchen für ein Krankenhaus, das einen erhöhten OP-Bedarf erwartet, wie OP-Kapazitäten erweitert werden können. Als Handlungsalternativen betrachten sie die Optionen entweder neue OP-Säle zu bauen oder die Laufzeiten der vorhandenen OP-Säle zu verlängern. Mittels Simulationsstudien untersuchen sie Konflikte zwischen den drei Zielkriterien, Wartezeit auf einen OP-Termin, Pünktlichkeit des OP-Beginns und Gewinn des Krankenhauses. Sie ermitteln eine Effizienz-Linie und berechnen darauf aufbauend ein Bonussystem mit Schichtzulagen, das dem OP-Personal bei verlängerten OP-Laufzeiten angeboten werden kann.

Wiinamaki und Dronzek (2003) betrachten in ihrer Untersuchung die Erweiterung einer Notfallstation. Anlass ist eine Änderung in der lokalen Notfallversorgung die zu steigenden Patientenzahlen führt. Zudem ist im Behandlungsspektrum mit einem Anstieg älterer Patienten mit längeren Aufenthaltszeiten zu rechnen. Für die Erweiterung der Notfallaufnahme sind der Bettenbedarf, die Anzahl Räume und die Anzahl der OP-Stunden zu bestimmen. Bei der Planung gehen sie stufenweise vor. Zunächst legen sie die Kapazitäten an einem Makro-Level-Modell fest, basierend auf mittleren Patientendurchlaufzeiten. Anschließend bewerten sie an einem Mikro-Level-Modell die Prozessabläufe und nehmen Anpassungen an der ursprünglichen Konfiguration vor. Dazu vergleichen sie Zielkriterien wie die durchschnittliche Aufenthaltszeit, Wartezeit und Warteschlangenlänge der Patienten sowie die Anzahl notwendiger Betten und OP-Betriebsstunden. In ihren Analysen identifizieren sie einen geringeren Bedarf an Akutbetten als ursprünglich gedacht und decken vorher unbeachtete Effekte auf, wie den Bedarf an zwei weiteren Röntgenplätzen und einer zusätzlichen Warte-Station.

5.2.2 Prozessdimension der Ablauforganisation

Personaleinsatzplanung

Barkaoui et al. (2002) greifen Aspekte der Spezialisierung und Zentralisierung in der Personaleinsatzplanung auf. Sie untersuchen eine Spezialisierung des Personaleinsatzes dahingehend, dass für elektive und Notfallpatienten spezielle Personen abgestellt werden. Alternativ kann das gesamte OP-Personal gleichermaßen elektive Fälle und Notfälle behandeln. Bei der Zentralisierung nehmen sie Veränderungen in der Aufgabenzuordnung vor. So wird eine Pflegekraft bspw. im OP-Saal zentralisiert, indem sie von der Zuständigkeit für den Patiententransport entbunden wird. Im Gegenzug wird eine Pflegekraft in der Schleuse dezentralisiert, d.h. sie kann auch außerhalb der Schleuse tätig werden und übernimmt den Patiententransport.

Darüber hinaus gibt es Arbeiten, die das OP-Management in einem weiteren Fokus betrachten. Becker et al. (2003) sowie Becker und Czap (2006) beschäftigen sich mit dem OP-Management im Akutkrankenhaus. Hierbei wird über reine entscheidungsunterstützende Simulationsstudien hinausgegangen und es wird ein Multiagentensystem (MAS) zur Unterstützung der OP-Planung und Steuerung entwickelt. Die entwickelten Mechanismen ermöglichen Verhandlungen über Arbeitspläne und die Zusammensetzung von OP-Teams unter Berücksichtigung individueller Präferenzen. Die in diesem System angebotenen MAS-Dienste dienen der Koordination von konfligierenden Präferenzen mittels Verhandlungen zwischen den Agenten und erlauben ein flexibles Reagieren beim Auftreten von Notfällen.

Evans et al. (1996) untersuchen die Personaleinsatzplanung in einer Notfallabteilung. Anlass ihrer Untersuchung sind Patientendurchlaufzeiten, die mit 142 min signifikant höher lagen als die üblichen 120 min. Ihre Zielsetzung ist es, die Arbeitspläne für das OP-

Personal so anzupassen, dass sich die Durchlaufzeit der Patienten verbessern lässt. Für die Modellbildung und Validierung führen sie Expertengespräche und Testläufe an einer Simulation mit Realdaten durch. Als Gestaltungsalternativen testen sie fünf Szenarios mit unterschiedlichem Personaleinsatz. Jedes Szenario enthält vier Schichten (Früh-, Mittag-, Spät- und Nachtschicht), wobei die Anzahl des verfügbaren Personals variiert. In diesen Varianten wird ein Plan mit geringster Patientendurchlaufzeit identifiziert, der sich von zwei anderen Alternativen signifikant unterscheidet.

Hanss et al. (2005), Torkki et al. (2005) und Sandberg et al. (2005) testen Ansätze der überlappenden Anästhesie, um mehr Patienten im regulären OP-Betrieb behandeln zu können. Ausgehend von bestehenden OP-Bereichen werden die Auswirkungen von Änderungen in der Personalausstattung untersucht. In Hanss et al. (2005) werden feste OP-Laufzeiten betrachtet und verlängerte Laufzeiten dadurch vermieden, dass Operationen abgesagt werden, die das geplante Ende der regulären Laufzeit überschreiten würden. Torkki et al. (2005) untersuchen medizinisch dringliche, orthopädische Traumapatienten. Sie gehen von festen OP-Laufzeiten aus, wobei möglichst viele Behandlungen durchgeführt werden, auch wenn dies zu verlängerten OP-Zeiten führt. Sandberg et al. (2005) untersuchen die Fallzahlerhöhung durch eine überlappende Anästhesie unter Berücksichtigung von Engpässen bei Chirurgen.

OP-Planung

Die Erstellung von OP-Plänen, d.h. die Zuteilung von OP-Terminen, stellt eine Fragestellung dar, welche alternativ zur Simulation auch mit mathematischen Verfahren adressiert wird. Beispiele für entsprechende Arbeiten sind Beliën und Demeulemeester (2007), Jebali et al. (2006) und Kuo et al. (2003). Beliën und Demeulemeester (2007) evaluieren beispielsweise eine Reihe von Ansätzen zur Erstellung von OP-Plänen mit abgestufter Bettenauslastung. Die Modelle enthalten zwei Arten von Nebenbedingungen. Bedarfsorientierte Bedingungen stellen sicher, dass jeder Chirurg (oder jede chirurgische Disziplin) eine bestimmte Anzahl OP-Blöcke erhält. Kapazitätsrestriktionen limitieren die täglich verfügbaren Blocks. Darüber hinaus hängt die Zahl und Aufenthaltsdauer der Patienten von der Art des Eingriffes ab. Die Anzahl Patienten und die Behandlungsdauern werden als eine multinomiale Verteilung behandelt. Die Autoren verwenden eine Metaheuristik und verschiedene mixed-integer-programming basierte Heuristiken um einen OP-Plan mit einem möglichst minimalen Bettenengpass zu erstellen.

Dexter et al. (1999) untersuchen die Erstellung von OP-Plänen mittels Blockzeit-Planung (block time scheduling). Bei diesem Verfahren werden einzelnen Chirurgen feste Tage und Blockzeiten zur Behandlung ihrer Patienten zugewiesen. Es wird die Frage untersucht, wie viel Blockzeit und Tage einem Chirurgen zugewiesen werden soll, sodass die OP-Auslastung erhöht werden kann. Sie arbeiten mit exponential verteilten OP-Anfragen, log-normal verteilten OP-Dauern und fixen Wechselzeiten von 30 min. Als Gestaltungsparameter testen sie vier Bin-Packing Algorithmen für die Blockzeit Planung, drei verschiedene mittlere Behandlungsdauern (1,2,3 Stunden), drei Varianten wie lange ein Patient auf eine OP wartet (1,2,3 Wochen), drei unterschiedliche Anzahlen OP-Stunden je Block (4,7,8 Stunden) und zwei alternative Anzahlen Blocks pro Woche (ein oder zwei OP-Blöcke). Mit diesen Parametern ergeben sich (4x3x3x3x2=) 216 mögliche Kombinationen, die alle mittels Simulation evaluiert wurden. Die Vorteilhaftigkeit einer Gestaltungsvariante misst sich an der Anzahl OP-Säle, die im Vergleich zur Ist-Situation eingespart werden könnten. Die Einsparpotentiale werden dabei in drei Gruppen eingeteilt: bis 3% gering, bis 7% moderat über 8% groß. Zudem wird die Sensitivität der Ergebnisse evaluiert, wenn 5% Patienten ausfallen. Es zeigt sich, dass die OP-Auslastung gesteigert werden kann, wenn die Blockzeit nach den erwarteten OP-Stunden elektiver Fälle zugeteilt wird und wenn jeder Patient in den nächsten Block eingeplant wird, der schon angebrochen ist und noch ausreichend OP-Zeit hat. Ist dies innerhalb von vier Wochen nicht möglich kann in den Überstundenbereich gebucht werden. Zudem zeigt sich, dass die von den Patienten akzeptierte Wartezeit auf einen OP-Termin der Parameter ist, der die OP-Auslastung am meisten beeinflusst, da hier mehrere Blocks auf eine günstige Auslastung geprüft werden können.

Gerchak et al. (1996) gehen von einem gegebenen OP-Layout aus, in dem Schwankungen durch das Nachmelden ausgewählter Patienten und durch Notfälle auftreten. Sie untersuchen die Fragestellung, wie viele Nachmeldungen zu Beginn eines Tages angenommen werden können, ohne dass Notfälle abgelehnt werden müssen.

Bereits sehr früh entstanden simulationsbasierte Arbeiten wie die von Kwak et al. (1976), die in ihren Studien unterschiedliche Reihenfolgenplanung bzw. Prioritätsregeln im täglichen OP-Betrieb evaluieren. Zu den untersuchten Strategien gehören eine zufällige Einplanung der Patienten, eine Einplanung nach der Dauer der Operation oder nach dem Aufwachraumbedarf des Patienten. In ihren Experimenten erzielt die Einplanung nach der OP-Dauer die besten Ergebnisse. Die bis dahin verbreitete beliebige Reihenfolgenplanung erweist sich gegenüber allen anderen Prioritätsregeln als suboptimal.

Die OP-Planung umfasst jedoch nicht nur den Aspekt der Reihenfolgenplanung, sondern auch die Festlegung des Tagesprogramms, d.h. die Anzahl der Patienten pro Tag. Vor diesem Hintergrund zeigen Dexter et al. (1999), dass die FCFS-Strategie (d.h. Patienten der Reihe nach einzuplanen, solange ausreichend Restlaufzeit vorhanden ist) geeignet ist, die OP-Auslastung zu erhöhen.

In den vorgestellten Arbeiten - wie auch in dieser Studie - wird die OP-Planung als separates Planungsproblem betrachtet. Die OP-Planung wird losgelöst von der Planung anderer Bereiche (z.B. im Bereich der präoperativen Diagnostik und Nachsorge) betrachtet. Paulussen (2006) hingegen stellt einen Ansatz zur übergreifenden Koordination zwischen autonomen, dezentral verteilten Funktionseinheiten vor, der geeignet ist auch die OP-Planung zu integrieren. Dieser Ansatz, Behandlungstermine über einen agentenbasierten

Verhandlungsmechanismus zu vergeben, erweist sich gegenüber der bestehenden FCFS-Praxis als überlegen (Zöller et al. 2006b). Hierbei werden die Termine für Patienten von Funktionseinheiten versteigert, wobei die Dringlichkeit und der Gesundheitszustand eines Patienten berücksichtigt werden (Paulussen et al. 2006). Für die OP-Planung würde sich mit diesem Ansatz die Vergabe von OP-Terminen entsprechend aus den bereichsübergreifenden Verhandlungen in Abstimmung mit anderen Funktionseinheiten ergeben.

Patientenabruf

Steward und Standridge (1996) untersuchen Einflussfaktoren auf die die Überstunden in einer Veterinärklinik. Dabei ist die Veterinärklinik analog zu größeren humanmedizinischen OP-Bereichen mit Fragestellungen der Personalvorhaltung, Einplanungsverfahren und schwankendem Behandlungsbedarf konfrontiert. Zur Reduktion von Überstunden empfiehlt die Studie bereits 90 - 120 Minuten vor dem geplanten OP-Schluss keine weiteren Behandlungen mehr durchzuführen. Damit wird die letzte Behandlung - die bisher bis 60 Minuten vor OP-Schluss möglich war - wesentlich früher angesetzt. Einen ähnlichen Aspekt betrachten Zöller et al. (2006a) und Baumgart et al. (2007). Sie untersuchen, welchen Einfluss der Patientenabruf zwischen zwei aufeinanderfolgenden Operationen auf die Wechselzeiten im OP-Saal hat. Sie zeigen, dass der Patientenabruf einen wichtigen Parameter für reibungslose OP-Abläufe darstellt. Sie stellen fest, dass ein zu später Patientenabruf häufig die Ursache für Leerzeiten im OP-Saal ist. Ein zu früher Abruf hingegen bindet verstärkt präoperative Personal- und Raumkapazitäten und führt zu einer Überlastung in den Bereichen die dem OP-Saal vorgelagert sind.

5.3 Literatursynopse

Die Tabellen 5.1, 5.2 und 5.3 geben einen zusammenfassenden Überblick der vorgestellten Arbeiten zur OP-Aufbau- und Ablauforganisation. Weitere Arbeiten zur OP-Organisation und zu verwandten Fragestellungen finden sich in den Literaturüberblicken von Lowery (1996); Jun et al. (1999); Fu et al. (2005).

Jun et al. (1999) gibt einen generellen Überblick zu Simulationsstudien im Gesundheitswesen. Als relevante Planungsfelder betrachten sie die Patientenein- und Aufnahmeplanung, die Patientensteuerung sowie die Ressourcenplanung und -steuerung. Sie identifizieren gebräuchliche Zielgrößen wie die Patientendurchlaufzeiten, Leistungserstellungskosten, Patientenzufriedenheit und den Ressourcenbedarf. Eine effiziente Versorgung misst sich zumeist an hohem Patientendurchsatz, geringen Patientenwartezeiten, kurzen Aufenthaltszeiten, geringen Kliniküberstunden, adäquater Personalauslastung und geringer Leerzeit von Ärzten. Eine nachfrageorientierte Planung und Steuerung von Ressourcen ist aus ihrer Sicht noch unterrepräsentiert. Der Fokus bei der Ausgestaltung von OP-Organisationen sollte nicht mehr die Fragestellung sein „Wie können existierende Ressour-

| | Aufbauorganisation | |
	Einführung von OP-Statuten	Einführung monetärer Anreizsysteme
Bender (2003)	X	
Gebhard et al. (2003)	X	
Geldner et al. (2003)	X	
Reißmann et al. (2003)	X	
Riedl (2002)	X	
Schleppers et al. (2003)	X	
Ferrin et al. (2004)		X

Tabelle 5.1: OP-Aufbauorganisation

| | Potentialdimension | |
	Anzahl Personal	Anzahl Räume
Baesler und Sepulveda (2001)	X	X
Blasak et al. (2003)	X	
Denton et al. (2006)	X	
Lowery und Davis (1999)		X
Lovejoy und Li (2002)		X
Wiinamaki und Dronzek (2003)		X

Tabelle 5.2: Potentialdimension der OP-Ablaufganisation

	Prozessdimension			
	Personalein-satzplanung	OP-Planung	OP-Laufzeiten	Patienten-abruf
Barkaoui et al. (2002)	X			
Becker und Czap (2006)	X			
Evans et al. (1996)	X			
Hanss et al. (2005)	X			
Sandberg et al. (2005)	X			
Torkki et al. (2005)	X			
Beliën u. Demeulemeester (2007)		X		
Dexter et al. (1999)		X		
Gerchak et al. (1996)		X		
Kwak et al. (1976)		X		
Lowery und Davis (1999)		X		
Wiinamaki u. Dronzek (2003)		X		
Paulussen (2006)		X		
Lovejoy und Li (2002)			X	
Steward und Standridge (1996)			X	
Zöller et al. (2006a)				X
Baumgart et al. (2007)				X

Tabelle 5.3: Prozessdimension der OP-Ablauforganisation

cen möglichst effizient eingesetzt werden?", sondern darauf ausgerichtet sein, die Ressourcen so zu planen, dass der Behandlungsbedarf gedeckt wird. Zudem werden in bestehenden Arbeiten zumeist nur einzelne Abteilungen und sehr abstrakte Prozessmodelle betrachtet. Eine realistischere Abbildung erhöht jedoch die Vertrauenswürdigkeit der Ergebnisse.

Fu et al. (2005) stellen die wichtigsten Ansätze zur Simulationsoptimierung sowie verfügbare kommerzielle Software vor. Sie geben ein Anwendungsbeispiel für den Einsatz von Optimierungsmethoden bei der Simulation einer Notfallaufnahme. Ihr Ziel ist es, Kosten (Stundenlöhne und Fixkosten für Räume) zu minimieren. Für hochkritische Patienten sind dabei Durchlaufzeitbegrenzungen als Nebenbedingungen zu berücksichtigen.

Lowery (1996) stellt die Simulation als wertvolles Tool für die Analyse von Behandlungsprozessen vor, die eine hoch stochastische Natur und eine komplexe Interaktion von Subsystemen aufweisen. Der Artikel diskutiert die Herausforderungen von Simulationsstudien im Gesundheitswesen, wobei sie auf den Grad der Modellkomplexität, die Definition von Inputverteilungen, die Modellvalidierung und die Interpretation der Ergebnisse eingeht. Als besondere Herausforderung im Gesundheitswesen sieht sie den Mangel an empirischen Daten und deren Typisierung in theoretischen Verteilungen. Außer Notfallankunftsverteilungen (die mehrfach als exponential verteilt bestätigt wurden) und Krankenhausaufenthaltsdauern (die als log-normal verteilt angesehen werden) besteht kein Konsens über typische Prozesscharakteristika. Daher besteht aus ihrer Sicht Bedarf an veröffentlichten Ergebnissen zu Verteilungen und Eigenschaften von Aktivitäten im Gesundheitswesen - sowie deren Beitrag zur Erstellung valider Modelle. Die Möglichkeit multiple und häufig konfligierende Zielsetzungen berücksichtigen zu können, führt sie als einen der größten Vorteile der Simulation auf - insbesondere wenn Manager konkrete Nebenbedingungen nicht vorgeben können oder wollen, da der Trade-off zu anderen Effekten nicht abschätzbar ist (z.B. Bettenauslastung vs Patientenabweisung).

Kapitel 6

Schlussfoglerungen zum Stand der Forschung

6.1 Kritische Würdigung bestehender Arbeiten

Zu den bisherigen Arbeiten, die sich mit der Gestaltung von OP-Organisationen befassen, lassen sich folgende Punkte kritisch anmerken:

1. Geringer Detailierungsgrad der OP-Modelle:
   Die bestehenden Arbeiten weisen einen niedrigen Detailierungsgrad in den verwendeten Prozessmodellen auf, vgl. Denton et al. (2006); Lowery (1996). Die Modellbildung erfolgt dabei auf einem hohen Abstraktionsniveau, vgl. Lowery (1996); Barkaoui et al. (2002); Ferrin et al. (2004); Denton et al. (2006); Marcon und Dexter (2007). Es werden nur grobe Phasen eines OP-Prozesses betrachtet, die mehrere Teilprozesse und Einzelaktivitäten sowie anfallende Wartezeiten zusammenfassen. Durch diese Vereinfachung wird mit zusammengesetzten Prozessphasen und -dauern gearbeitet, welche Verzerrungen durch organisatorisch bedingte Wartezeiten enthalten. Daher bilden die empirisch gemessenen Dauern dieser Prozessphasen immer auch organisatorisch bedingte Ineffizienzen der ursprünglichen OP-Organisation ab. Wartezeiten, die - ż.B. durch Raum oder Personalengpässe - zwischen den einzelnen Arbeitsschritten auftreten, werden auf alternative Konfigurationen in der OP-Organisation übertragen und verzerren deren Bewertung. Durch den geringen Detailierungsgrad der Prozessmodelle können daher organisatorisch bedingte Ineffizienzen nicht erkannt werden.

2. Ungenügende Aussagen zur Validität der Modelle:
   Sofern die Modellvalidierung thematisiert wird, erfolgt sie zumeist nur anhand eines intuitiven Vergleichs. Hierbei wird abgeschätzt, ob das erstellte Modell die Ist-Situation wie beobachtet abbildet. Selten wird überprüft, ob die beobachteten Abweichungen zufälliger Natur sind oder signifikante Abweichungen darstellen. Eine

umfangreiche Validierung, welche auch das Modellverhalten bei veränderten Input-Parametern überprüft, konnte nicht beobachtet werden.

3. Evaluation der Ergebnisse:
   Die Evaluation der Ergebnisse erfolgt zumeist anhand eines Vergleichs absoluter Werte. Hierbei werden die Mittelwerte der Leistungskennzahlen aus verschiedenen Testläufen mit unterschiedlichen Modellparametern verglichen. Wie bereits bei der Modellvalidierung, erfolgt auch hier kaum eine Untersuchung der Signifikanz der beobachteten Differenzen. Zudem ist die deskriptive Darstellung der Simulationsergebnisse häufig auf wenige Angaben, wie z.B. Mittelwerte reduziert.

4. Fehlende Berücksichtigung grundlegender Gestaltungsgrößen:
   Im Bereich der Ablauforganisation existiert eine Vielzahl von Arbeiten, die ausgewählte Gestaltungsparameter der OP-Organisation evaluieren. Ihr Ziel ist die Verbesserung der Potential- und Prozessdimension der Ablauforganisation in bestehenden OP-Bereichen. Die Arbeiten die sich mit Aspekten der Aufbauorganisation befassen, fokussieren die Konzeption neuer OP-Managementformen. Sie entwickeln Rahmenregeln für Kompetenz-, Ordnungs- und Weisungsstrukturen, die eine reibungslose, berufsgruppenübergreifende Zusammenarbeit in bestehenden OP-Bereichen ermöglichen sollen. Organisationsweite Fragestellungen, die über einzelne Abteilungen und OP-Bereiche hinaus gehen, sind hier nicht vertreten. Entsprechend werden grundlegende, aufbauorganisatorische Gestaltungsparameter, wie z.b. der Zentralisierungsgrad der Organisation oder der Grad der Ressourcenmobilität nicht betrachtet.

5. Geringe Generalisierbarkeit der Befunde:
   Viele Arbeiten befassen sich mit der Analyse situationsspezifischer Aspekte und evaluieren nur einzelne Handlungsalternativen, z.b. Hinzufügen oder Wegnehmen einzelner Räume oder Arbeitskräfte. Zudem werden die Prämissen der verwendeten Modelle nur unvollständig offen gelegt. So kann die Gültigkeit der Ergebnisse in anderen Situationen kaum abgeschätzt werden. Vor diesem Hintergrund sind die Befunde der meisten Studien nicht generalisierbar und kaum übertragbar. Idealerweise sollten alle getroffenen Modellannahmen offen gelegt werden. Zudem sollte das Studiendesign so gewählt sein, dass die Wirkung der betrachteten Gestaltungsparameter systematisch evaluiert werden kann.

6. Fehlende Theorieleistung und Theorierückkopplung:
   Wie bereits erwähnt, untersuchen viele Arbeiten nur die Vorteilhaftigkeit einzelner Handlungsalternativen. In diesen Fällen werden zwar häufig Planungsalgorithmen (z.b. für die OP-Planung) entwickelt, es wird jedoch kein Theoriebeitrag geleistet aus dem sich Aussagen zur Organisationsgestaltung ableiten lassen. Daher fehlt in

den bestehenden Arbeiten ein theoretischer Impetus, welche Hypothesen zur Wirkung organisatorischer Gestaltungsparameter bildet sowie eine Theorierückkopplung, in welcher diese Hypothesen zielgerichtet untersucht werden. Folglich ist offen, welche theoretischen und praktischen Erkenntnisse sich daraus für die Organisationsgestaltung ableiten lassen.

Tabelle 6.1 gibt noch einmal einen Überblich zur kritischen Würdigung bestehender Arbeiten. Die Arbeiten zur Aufbauorganisation sind hier nicht enthalten, da sie sich nur mit dem Entwurf von Rahmenregeln befassen und keine Studien im engeren Sinn durchführen. Die Arbeiten zur Ablauforganisation werden entlang der oben aufgeführten Kritikpunkte eingeordnet. Jedes Kriterium wird mit +, o oder - bewertet und hat folgende Bedeutung:

1. Detailierungsgrad:
   + Trennung von Aktivitäts- und Wartezeiten
   o zusammengefasste Aktivitäten
   - abstrakte Phasenmodelle

2. Validierung:
   + Validerung der Modellsignifikanz inklusive des Modellverhaltens
   o vergleichende Validierung der Ist-Situation
   - keine Validierung

3. Evaluation der Simulationsergebnisse:
   + Test auf Signifikanz beobachteter Differenzen
   o Vergleich von Absolutwerten
   - selbst deskriptive Auswertung fehlt

4. Berücksichtigung grundlegender Gestaltungsgrößen:
   + Wirkung grundlegender Gestaltungsvariablen wird untersucht
   - grundlegende Gestaltungsvariablen werden nicht betrachtet

5. Generalisierbarkeit:
   + Offenlegung aller Prämissen und systematisierte Studiendesigns
   o partielle Offenlegung von Prämissen und situationsspezifische Studiendesigns
   - Analyse einzelner Alternativen ohne stukturiertes Studiendesign

6. Theoriebeitrag:
   + organisationstheoretische Hypothesen und Tests
   o Einzelaussagen jedoch ohne Theorierückkopplung
   - Theoriebeitrag fehlt

	Detailierungsgrad	Validierung	Evaluation	grundlegende Gestaltungsgrößen	Generalisierbarkeit	Theoriebeitrag
Baesler und Sepulveda (2001)	-	-	o	-	-	-
Barkaoui et al. (2002)	o	o	o	-	o	-
Becker und Czap (2006)	-	-/o	o/+	-	-	-
Beliën und Demeulemeester (2007)	-	o	o	-	-	-
Blasak et al. (2003)	o	o	-	-	-	-
Dexter et al. (1999)	-	-	o	-	o/+	o
Denton et al. (2006)	o	-	o	-	o/+	o
Evans et al. (1996)	o	o/+	o/+	-	-	-
Gerchak et al. (1996)	-	-	o	-	o	-
Hanss et al. (2005)	Praxisest ohne Modellierung		o	-	o	-
Kwak et al. (1976)	-	o/+	o	-	o	-
Lowery und Davis (1999)	-	-	-	-	-	-
Lovejoy und Li (2002)	-	o	o/+	-	-	-
Sandberg et al. (2005)	Praxisest ohne Modellierung		o	-	o	-
Torkki et al. (2005)	Praxisest ohne Modellierung		o	-	o	-
Wiinamaki und Dronzek (2003)	o	-	o	-	-	-
Zöller et al. (2006a) und Baumgart et al. (2007)	o	o	o	-	o	-

Tabelle 6.1: Kritische Würdigung bestehender Literatur

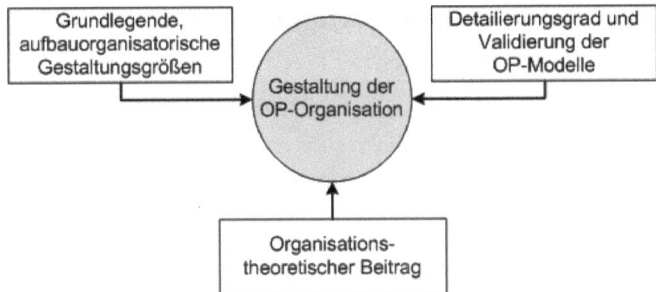

Abbildung 6.1: Forschungsbedarf zur Gestaltung von OP-Organisationen

6.2 Forschungsbedarf

Wie in Abbildung 6.1 dargestellt, ergibt sich aus der oben aufgeführten kritischen Würdigung weiterer Forschungsbedarf in folgenden Bereichen:

1. Verfeinerung des Detailierungsgrads und der Validierung der OP-Modelle

2. Untersuchung grundlegender, aufbauorganisatorischer Parameter der OP-Organisation

3. Generalisierbarer Erkenntnisgewinn mit organisationstheoretischem Beitrag

6.2.1 Detailierungsgrad und Validierung der OP-Modelle

Für die Ausgestaltung von OP-Organisationen und die Evaluation der zugehörigen Gestaltungsparameter besteht Forschungsbedarf in Bezug auf detaillierte OP-Referenzmodelle sowie deren Validierung. Um versteckte Interdependenzen der Aufbau- und Ablauforganisation bei der Gestaltung von OP-Bereichen adäquat berücksichtigen zu können, dürfen OP-Prozessmodelle nicht mehr als stark abstrahierte „Blackbox-Abläufe" betrachtet werden. Daher ist eine feinere Modellierung der OP-Prozesse durchzuführen, welche reine Aktivitätszeiten von Wartezeiten trennt (Buddendick 2004; Lowery und Davis 1999).

Darüber hinaus hängt auch die Validität der Planungsmodelle von ihrem Detailgrad ab und determiniert die Akzeptanz beim Anwender. Diese Benutzerakzeptanz ist entscheidend dafür, ob die entwickelten Ansätze und gewonnenen Ergebnisse tatsächlich gelebt werden und praktische Relevanz erlangen (Lowery 1996; Sibbel 2004, S. 211). Dies unterstreicht die Bedeutung der Modellvalidierung. Hier fehlen jedoch Veröffentlichungen welche stichhaltige Aussagen zur Validität der OP-Prozessmodelle geben (Lowery 1996).

6.2.2 Grundlegende, aufbauorganisatorische Gestaltungsparameter

In Bezug auf die betrachteten Gestaltungsparameter empfiehlt es sich, die gewachsenen Organisationsstrukturen entlang grundlegender, aufbauorganisatorischer Dimensionen zu hinterfragen und sie alternativen Gestaltungsoptionen in der Aufbauorganisation gegenüber zu stellen.

Für eine fachbereichsübergreifende OP-Koordination sind hierbei Ansatzpunkte im Spannungsfeld der Dezentralisierung bzw. Zentralisierung der OP-Organisation zu prüfen. Zudem werden in dieser Arbeit Interdependenzen mit dem Grad der Ressourcenmobilität betrachtet.

Entsprechende fachbereichsübergreifende Untersuchungen dürfen dabei nicht mehr einseitig die Frage stellen, wie die Produktivität der vorhandenen Kapazitäten erhöht werden kann. Stattdessen muss die OP-Organisation am Behandlungsbedarf ausgerichtet und dimensioniert werden. Dabei ist der Behandlungsbedarf mehrerer OP-Bereiche zu betrachten, um das Potential und die Synergien fachbereichsübergreifender Gestaltungsparameter in der OP-Organisation beurteilen zu können.

6.2.3 Organisationstheorethischer Beitrag

Untersuchungen zur OP-Organisationsgestaltung sollten - analog zu Arbeiten aus anderen Bereichen (Kumar et al. 1993; Malone 1987) - verstärkt einen generalisierbaren Erkenntnisgewinn anstreben. Hier besteht Forschungsbedarf in Bezug auf den Einfluss und die Wirkungszusammenhänge der Getaltungsparameter in der OP-Organisation. Die Aussagen zu einzelnen Gestaltungsparametern sollten zudem in einen hypothesengeleiteten Rahmen eingebunden werden, um eine Rückkopplung zu bestehenden Theorien und einen organisationstheoretischen Beitrag zu ermöglichen.

Teil III

Entwicklung eines Bezugsrahmens zur Bewertung grundlegender, aufbauorganisatorischer Gestaltungsgrößen in der OP-Organisation

Kapitel 7

Hypothesen zur Wirkung grundlegender Parameter der Organisationsgestaltung

Der OP-Betrieb ist mit einem häufigen Auftreten von unvorhersehbaren Ereignissen konfrontiert, wie z.b. Komplikationen oder Notfällen (Denz et al. 2007). Daraus resultieren eine hohe Planungsunsicherheit und ein hoher Flexibilitätsbedarf in der OP-Steuerung. Um diesem Bedarf an Flexibilität zu entsprechen, müssen Flexibilitätspotentiale, d.h. Handlungsspielräume zur Anpassung an unvorhergesehene Veränderungen geschaffen werden (Hocke 2004, S. 27, 30). Die Zentralisierung der OP-Organisation und der Einsatz mobiler Geräte eröffnen solche Flexibilitätspotentiale im OP-Betrieb. Im Folgenden werden Hypothesen entwickelt, wie sich diese Gestaltungsgrößen auf die Effizienz des OP-Betriebes auswirken. Aus einer varianztheoretischen Sicht werden statische Ursache-Wirkungszusammenhänge zwischen unabhängigen und abhängigen Variablen betrachtet (Soh und Markus 1995; Markus und Robey 1988). Die unabhängigen Variablen sind in diesem Fall der „Zentralisierungsgrad der OP-Organisation" und der „Grad der Ressourcenmobilität". Die Effizienz des OP-Betriebes stellt die abhängige Variable dar (vgl. Abbildung 7.1).

Die Vorteilhaftigkeit einer organisatorischen Zentralisierung konnte in den Arbeiten von Kumar et al. (1993) und Malone (1987) bereits festgestellt werden (vgl. Abschnitt 4.3). Übertragen auf den OP-Betrieb, ermöglicht die organisatorische Zentralisierung eine Koordination über mehrere OP-Bereiche und OP-Säle hinweg. Treten Störungen, wie z.B. Notfälle auf, stehen entsprechend mehr Umplanungsalternativen zur Verfügung.

Bei einer dezentralen OP-Organisation können in einem OP-Bereich Ressourcen ungenutzt sein, während in einem anderen OP-Bereich Bedarf für diese Ressourcen vorliegt. Eine zentrale OP-Organisation ist in der Lage, die freien Ressourcen aller Bereiche einzusetzen um entstehende Ressourcenbedarfe (z.B. freier OP-Saal für einen Notfall) zu

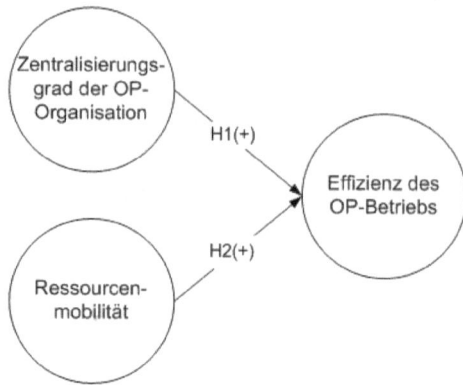

Abbildung 7.1: Darstellung der Hypothesen

decken. Dies reduziert Ressourcenengpässe und ermöglicht es, schneller auf Störungen im OP-Betrieb zu reagieren. Somit kann das insgesamt anstehende OP-Programm schneller abgearbeitet werden und ggf. auch ein höherer Patientendurchsatz erreicht werden.

- Hypothese 1: Je höher die Zentralisierung der OP-Organisation, desto effizienter ist der OP-Betrieb.

Eine höhere Ressourcenmobilität durch den Einsatz mobiler Geräte entspricht der Entwicklung mobiler Strukturen in der Produktion. Diese Strukturen erschließen Flexibilitätspotentiale durch die Erhöhung der Mobilität von Maschinen und Produktionsanlagen (Behrens und Kaluza 2005, S. 14 f).

Analog dazu stehen auch im OP-Betrieb fix installierte Spezialgeräte nicht zur Verfügung, solange der entsprechende OP-Saal belegt ist. Selbst wenn das Gerät dort nicht genutzt wird, kann es nicht zur Durchführung eines anderen Eingriffes eingesetzt werden. Der Einsatz mobiler Geräte hingegen reduziert Engpässe bezüglich dieser speziellen Ressourcen. Bei Störungen, die einen Umplanungsbedarf mit sich bringen, öffnet der Einsatz mobiler Geräte neue Flexibilitätspotentiale im OP-Betrieb und trägt dazu bei, das insgesamt anstehende OP-Programm schneller abzuarbeiten und ggf. auch den Patientendurchsatz zu erhöhen.

- Hypothese 2: Je flexibler der Einsatz spezieller Ressourcen, desto effizienter ist der OP-Betrieb.

Kapitel 8

Zielgrößen der OP-Organisation

Die Effektivität einer OP-Organisation ist daran zu messen, wie gut sie dazu beiträgt, die Zielsetzungen des OP-Betriebs zu erfüllen. Für eine wirtschaftliche Leistungserstellung stehen dabei die Zielkriterien der Prozess- und Ressourceneffizienz im Vordergrund (Sibbel 2004, S. 82). Dabei besteht zwischen diesen beiden Kriterien ein Zielkonflikt, der sich im Dilemma der Ablaufplanung (Gutenberg 1983, S. 216) widerspiegelt. Für die OP-Organisation ergibt sich daraus ein Spannungsfeld zwischen adäquaten prozessorientierten Zielgrößen (z.B. Patientendurchlaufzeiten) und akzeptablen ressourcenorientierten Zielgrößen (z.B. Raum- und Personalauslastung) (Schlüchtermann 1990, S. 52) .

Neben der Prozess- und der Ressourceneffizienz der OP-Organisation in einer aktuellen Situation stellt sich die Frage der Flexibilität bzw. der Anpassungseffizienz der OP-Organisation (Zapf 2003; Hocke 2004; Weiss et al. 2002; Holst und Wendt 1996; Guthknecht 1999; Steimel 2000). Besondere Bedeutung hat hier die Frage, in wieweit die Organisation in der Lage ist, sich Änderungen im Behandlungsbedarf der Patienten anzupassen. Die drei Effizienzkriterien

- Prozesseffizienz,

- Ressourceneffizienz und

- Anpassungseffizienz

stehen in engem Zusammenhang mit den Erfolgsfaktoren Kosten, Zeit und Flexibilität (Sibbel 2004, S. 82). In den folgenden Abschnitten werden daher für die Bewertung einer OP-Organisation Kriterien zur Messung der Prozess-, Ressourcen und Änderungseffizienz entwickelt.

8.1 Prozesseffizienz

Die Prozesseffizienz misst die Effizienz der Leistungsprozesse im Sinne der Ablauforganisation (Sibbel 2004, S. 58) anhand von Kriterien wie Durchlauf- und Wartezeiten. Für

den OP-Betrieb werden hauptsächlich der Patientendurchsatz, die Patientendurchlauf-
und -wartezeit (Jun et al. 1999; Fu et al. 2005) sowie Wechselzeiten (Bauer et al. 2004)
als relevante Kriterien zur Messung der Prozesseffizienz verwendet. Diese Kriterien finden
in entsprechenden Untersuchungen zumindest selektiv Berücksichtigung (d.h. mindestens
eines dieser Kriterien), vgl. (Baesler und Sepulveda 2001; Denton et al. 2006; Baesler
und Sepulveda 2001; Ferrin et al. 2004; Blasak et al. 2003) u.a.

Das Kriterium „Patientendurchsatz" spiegelt zudem den ökonomischen Nutzen der
Leistungserbringung wider, da in dem fallpauschalierten DRG-Entgeltsystem die Erlöse
an das Volumen der durchgeführten Behandlungen gekoppelt sind. Daher wird die Prozesseffizienz in dieser Arbeit anhand des Patientendurchsatzes evaluiert. Der Patientendurchsatz misst die Anzahl der Patienten, die in einem OP-Trakt in einem bestimmten
Zeitraum behandelt werden. Im täglichen OP-Betrieb kommt es regelmäßig vor, dass
Nachmeldungen (z.b. Notfälle) auftreten oder geplante Eingriffe abgesagt und auf den
nächsten Tag verschoben werden. Der Patientendurchsatz pro Tag stellt somit eine sehr
volatile Größe dar. Daher wird zur Evaluation ein Zeitraum gewählt, der mehrere Tage
umfasst und es wird die

• Anzahl der Patienten pro Woche (5 Arbeitstage)

betrachtet.

8.2   Ressourceneffizienz

Die Ressourceneffizienz misst den Bedarf und die Nutzung von OP-Ressourcen und Personal. Zur Messung der Ressourceneffizienz werden in der Literatur unterschiedliche Kriterien wie OP-Auslastungsgrade, Personalüberstunden, Raum- und Personalauslastung,
Raumbedarf, Anschaffungskosten, Überstunden, Tischauslastung und der Bedarf an Ressourcenvorhaltung herangezogen (Jun et al. 1999; Fu et al. 2005; Baesler und Sepulveda
2001; Ferrin et al. 2004; Blasak et al. 2003). Während die Prozesseffizienz die Sicht der
Erlöse beinhaltet, spiegeln diese Kriterien den Aufwand zur Leistungserstellung wider.

Dabei besteht eine Verflechtung der Organisationsplanung mit der Kapazitätsplanung,
sodass eine integrative Betrachtung notwendig ist (Sibbel 2004, S. 83). Dies wird daran deutlich, dass bestehende Arbeiten zur Gestaltung der OP-Organisation neben der
Prozessdimension häufig auch die Potentialdimension der Ressourcen- und Personalvorhaltung untersuchen, vgl. (Jun et al. 1999; Fu et al. 2005; Baesler und Sepulveda 2001;
Lovejoy und Li 2002; Denton et al. 2006; Marcon und Dexter 2007).

Daher wird die Prozesseffizienz im Folgenden in Kriterien der Potential- und Prozessdimension gruppiert. Die Potentialdimension misst den Bereitstellungsaufwand zur Vorhaltung der Ressourcen (z.B. Anzahl Räume und Personal) und die Prozessdimension die
Auslastung der Ressourcen und den Betriebsaufwand (z.B. Leerzeiten und Überstunden).

8.2.1 Potentialdimension

Der Bereitstellungsaufwand für Räume, Geräte und Personal hängt zum Großteil von der Anzahl der OP-Säle in einem OP-Bereich ab. Die Anzahl OP-Säle bestimmt den Bedarf an vor- und nachgelagerten Räumen (Weiss et al. 2002), daher kann der gesamte Raumbedarf im Weiteren durch die Anzahl der OP-Säle repräsentiert werden. Für den Gerätebedarf sind Geräte der Grundausstattung und Spezialgeräte zu unterscheiden. Die Geräte der Grundausstattung (z.b. Anästhesiegeräte, OP-Tische) werden ebenfalss über die Anzahl OP-Säle abgebildet. Spezialgeräte hingegen müssen separat erfasst werden, da sie nicht in jedem OP-Saal vorhanden sind. Diese Spezialgeräte können zudem Engpassgeräte darstellen, die für mehrere OP-Säle gemeinsam bereitgestellt und übergreifend genutzt werden.

Ähnlich wie beim Gerätebedarf kann auch der Personalbedarf nicht ausschliesslich über die Anzahl OP-Säle bestimmt werden. Der Personalbedarf beinhaltet Berufsgruppen, deren Mitarbeiterzahl sich aus der Anzahl OP-Säle ableiten lässt, wie z.b. die OP-Pflege, welche die Instrumenteure und Springer im OP-Saal stellt. Andere Berufsgruppen, wie z.b. die der Anästhesie können zusätzliche Mitarbeiter beinhalten, welche eine überlappende Patientenbehandlung, d.h. eine teilweise Prozessparallelisierung ermöglichen. Da der Personalbedarf stark von krankenhausspezifischen Regelungen abhängt, werden alle Mitarbeiter im OP-Bereich separat erfasst.

Aus diesen Überlegungen heraus werden insgesamt folgende drei Kennzahlen erfasst:

- Anzahl der OP-Säle,

- Anzahl der Spezialgeräte und

- Anzahl der Mitarbeiter im OP-Bereich.

Die Potentialdimension, d.h. der Bereitstellungsaufwand kann a priori durch die Konfiguration eines OP-Bereichs bestimmt werden. Im Gegensatz dazu ergibt sich die Prozessdimension und die Ressourcennutzung erst ex post aus dem dynamischen Verhalten der OP-Abläufe.

8.2.2 Prozessdimension

Die Prozessdimension der Ressourceneffizienz betrachtet die tatsächliche Nutzung, d.h. die Auslastungs- bzw. Betriebszeiten der bereitgestellten Ressourcen. In einem OP-Bereich werden die benötigten Ressourcen, insbesondere das OP-Personal zu den geplanten Betriebszeiten bereit gehalten. Diese Ressourcen und das OP-Personal werden im täglichen OP-Betrieb solange benötigt, bis das OP-Tagesprogramm abgearbeitet ist. Somit gibt die tägliche OP-Laufzeit (vom morgentlichen OP-Beginn bis zum Ende des letzten Eingriffes) Information über die tatsächliche Nutzung der Ressourcen und des OP-Personals. Als Kennzahl hierfür wird die normierten OP-Laufzeit gemessen.

Eine normierte OP-Laufzeit von „1,0" entspricht einem OP-Betrieb mit den vorgesehenen Planstunden, z.b. acht Stunden bei einem Ein-Schichtbetrieb. Erreicht die OP-Laufzeit einen Wert über „1,0" liegen die Ressourcen- bzw. Personalauslastung im Überstundenbereich. Für den Personaleinsatz kann dadurch längerfristig ein erhöhter Bedarf an Personalvorhaltung entstehen. Zudem sollten Werte, die nah an einer Vollauslastung liegen kritisch beurteilt werden. Da es sich bei der Patientenbehandlung um personalintensive Leistungsprozesse handelt, kann eine sehr hohe Personalauslastung (inkl. hohem Überstundenbedarf) die Konzentrationsfähigkeit und somit die Qualität der Behandlung beeinträchtigen.

Die normierte OP-Laufzeit berechnet sich wie folgt:

$$\bullet \quad \frac{\sum_{i=1}^{AnzahlOPs}(Planstunden_{OPi}-Restlaufzeit_{OPi}+Uberstunden_{OPi})}{\sum_{i=1}^{AnzahlOPs}Planstunden_{OPi}}$$

Die OP-Restlaufzeit und OP-Überstunden berechnen sich aus der Differenz von regulärem und realem OP-Schluss. Der OP-Schluss ist dabei als der Zeitpunkt nach der Endreinigung eines OP-Saals definiert.

Die normierten OP-Laufzeiten erlauben eine intuitive Interpretation, d.h. der Anteil Überstunden oder Restlaufzeit im OP-Betrieb ist leicht erkennbar. Darüber hinaus lassen sich die normierten Laufzeiten direkt in absolute Werte rücküberführen. Bei sieben OP-Sälen entspricht eine Überstundenlaufzeit von 0,1 (normiert) einer absoluten Zeit von (0,1 * 8 Stunden * 7 OPs =) 5,6 Stunden.

8.3   Anpassungseffizienz

Die Anpassungseffizienz misst, wie sich die Prozess- und Ressourceneffizienz unter veränderten Randbedingungen entwickeln. Es stellt sich insbesondere die Frage, inwieweit die OP-Organisation in der Lage ist, den Versorgungsauftrag auch bei steigenden Patientenzahlen und bei einem veränderten Patientenmix zu erfüllen. Um entsprechende Szenarientests durchführen zu können, ist es erforderlich, veränderte Anforderungen durch alternative Patientenportfolios abzubilden. Die betrachteten Patientenportfolios umfassen den

• aktuellen Patientenmix sowie einen

• veränderten Patientenmix.

Der aktuelle Patientenmix entspricht dem in der Ausgangssituation beobachteten Patientenaufkommen. Der veränderte Patientenmix beinhaltet Änderungen im mengenmäßigen Patientenaufkommen und in der Zusammensetzung des Patientengutes.

Da eine gegenläufige Entwicklung der Prozess- und Ressourceneffizienz möglich ist, kann sich ein Vergleich der absoluten Werte als schwierig erweisen. Daher wird für die

Anpassungseffizienz eine relative Größe herangezogen. Es wird der Anteil OP-Laufzeit pro Behandlung bzw. pro Patient berechnet:

$$\bullet \quad \frac{\sum_{i=1}^{AnzahlTage}(normierteOP-Laufzeit*100/AnzahlPatienten)}{AnzahlTage}$$

Die Anpassungseffizienz ist gegeben, wenn sich mit einem veränderten Patientenmix auch die relative OP-Laufzeit pro Patient ändert.

8.4 Zusammenfassung

Zur Bewertung einer OP-Organisation und zum Vergleich alternativer Gestaltungsoptionen werden die Prozess-, Ressourcen- und Anpassungseffizienz herangezogen.

Keines dieser Kriterien soll - als dominante Zielgröße - alleine ausschlaggebend für die abschließende Bewertung einer Gestaltungsoption sein. Darüber hinaus soll aber auch keine Überführung in eine eindimensionale Zielfunktion stattfinden. Dies würde zum einen den Vorteil einer Simulationsstudie - die Möglichkeit multikriterieller Betrachtungen - missachten. Zum anderen wäre eine prämissenbehaftete, nicht generalisierbare Gewichtung der Zielkriterien notwendig. Die Relevanz einzelner Zielgrößen kann je nach Entscheidungssituation variieren. Die Bedeutung der Ressourcenvorhaltung, d.h. der Investitionskosten, hängt z.B. davon ab, ob es sich um einen OP-Neubau handelt oder ob die OP-Räumlichkeiten bereits vorhanden sind. Zudem kann die Gewichtung der Zielkriterien nach strategischen Zielsetzungen und individuellen, lokalen Kostenrelationen variieren.

Daher wird eine sequentielle Vorgehensweise gewählt, vgl. (Schlüchtermann 1990, S. 61 ff). Für Krankenhäuser mit Versorgungsauftrag liegt die höchste Priorität beispielsweise auf der Sicherstellung der Patientenversorgung. Der Aufwand für die Ressourcenvorhaltung und die Effizienz des OP-Betriebes erhalten nachrangige Priorität.

Kapitel 9

Gestaltungsgrößen der OP-Organisation

In diesem Kapitel werden grundlegende aufbau- und ablauforganisatorische Gestaltungsparameter einer OP-Organisation vorgestellt. Die aus der Literatur bekannten und in eigenen Feldstudien (Zöller et al. 2006a; Denz et al. 2007) identifizierten Gestaltungsparameter werden strukturiert und ihre möglichen Ausprägungen erläutert. Bei der späteren Analyse aufbauorganisatorischer Gestaltungsoptionen werden nicht alle diese Parameter variiert. Um jedoch eine transparente Untersuchung durchführen zu können und ex post Informationen über mögliche Interdependenzen mit anderen Gestaltungsparametern einschätzen zu können, ist es notwendig auch die Prämissen zu den konstant gehaltenen Parametern offen zu legen. Die nachfolgend erläuterten Gestaltungsgrößen bilden einen entsprechenden Bezugsrahmen und spezifizieren die offen zu legenden Rahmenbedingungen bei der Evaluation einer OP-Organisation.

9.1 Determinanten der Aufbauorganisation

Wie in Abschnitt 1.2 dargestellt, sind bestehende, historisch gewachsene Strukturen in der Aufbauorganisation von OP-Bereichen zu hinterfragen. Daher werden alternative Konzepte für die OP-Organisation entlang dem Zentralisierungsgrad der OP-Organisation und dem Grad der Ressourcenmobilität entwickelt.

9.1.1 Zentralisierungsgrad der OP-Organisation

In der traditionellen Organisationsstruktur eines Krankenhauses sind die OP-Bereiche den medizinischen Fachbereichen bzw. Kliniken zugeordnet und werden dezentral vorgehalten und betrieben. Jeder OP-Trakt wird von einem separaten OP-Management administriert. Alternativ könnte jedoch auch eine gemeinsame Verwaltung und Planung stattfinden. Über mehrere OP-Bereiche hinweg besteht somit ein administrativer Gestaltungsparame-

ter, der eine dezentrale, d.h. getrennte OP-Organisation und eine zentrale, d.h. gemeinsame OP-Organisation erlaubt.

Bei Störungen im OP-Betrieb (z.B. durch Komplikationen oder Notfälle) kann in den
traditionellen Strukturen mit einer dezentralen Administration direkt, ohne Rücksprache
mit anderen Bereichen umgeplant werden. Andererseits werden die Alternativen zur Umplanung (z. B. Ausweichen auf freie Operationssäle anderer Bereiche) eingeschränkt. Informationen zu verfügbaren Ressourcen, Entscheidungskompetenzen und Handlungsspielräume liegen nur innerhalb eines gegebenen OP-Bereichs vor und es kommt zu ungleichen
Auslastungen der OP-Ressourcen mit Leerlaufzeiten und Überstunden sowie Wartezeiten für die Patienten. Zudem führt eine abteilungsspezifische Zuordnung von OP-Sälen
in den einzelnen OP-Bereichen zu einer redundanten Vorhaltung von Ressourcen (z.B.
Räume, Geräte und Personal), wobei diese Ressourcen häufig nur teilweise ausgelastet
sind und ihre Bereitstellung sehr kostenintensiv ist. Hier könnte durch eine alternative
OP-Saal-Zuordnung und Ressourcenbündelung ein erhebliches Einsparpotential realisiert
werden.

Im Gegensatz zu einer dezentralen Organisation der OP-Bereiche existiert bei einer gemeinsamen, zentralen OP-Organisation für verschiedene chirurgische Disziplinen ein über-
greifendes, gemeinsames OP-Management. Dies ermöglicht das Ausweichen auf OP-Säle
anderer Bereiche. Auch wenn mit der administrativen Zentralisierung der OP-Bereiche
keine physische Zentralisierung der OP-Ressourcen erfolgt, können trotzdem Synergien
genutzt werden. Dies ist über eine Anpassung der Transportanweisungen möglich, wobei
beim Abruf des Patienten der Antransport entsprechend in einen anderen OP-Trakt mit
freien Kapazitäten erfolgen kann. Auch das Personal kann bei Bedarf zwischen baulich
getrennten Trakten wechseln. Lediglich eine gemeinsame Nutzung, d.h. ein Austausch
mobiler Spezial- bzw. Großgeräte gestaltet sich im Fall physisch getrennter OP-Bereiche
schwieriger. Somit ist bei einer zentralen Organisation auch für räumlich verteilte OP-
Bereiche ein Austausch von OP-Saal- und Personalkapazitäten - unter Berücksichtigung
entsprechender Wegstrecken - möglich. Dies erschließt Ressourcen- und Flexibilitätspotentiale, die bei der Gestaltung einer OP-Organisation nicht außer Acht gelassen werden
dürfen. Um diese Potentiale bestmöglich zu nutzen, sollte einer Zentralisierung der OP-
Organisation idealerweise auch eine physische Zentralisierung der Ressourcen folgen. Dies
ist insbesondere bei angrenzenden OP-Trakten oder im Falle von OP-Umbauten oder
Neubauten möglich.

Insgesamt reduziert die traditionelle Bildung kleiner, fachspezifischer OP-Bereiche mit
einer festen organisatorischen Zuordnung (z. B. zu operativen Disziplinen) die Komplexi-
tät des Organisations- und Koordinationsproblems. Andererseits schränkt dies die Alternativen zur Umplanung im Störfall ein. Es besteht also ein Zusammenhang zwischen der
Aufbauorganisation und der Ablauforganisation eines OP-Bereichs.

9.1.2 Grad der Ressourcenmobilität

Im Rahmen eines Versorgungsauftrages ist, wie in Abschnitt 2.2 erläutert, eine Spezialisierung im Leistungsangebot nicht möglich und auch die notwendige Ressourcenvorhaltung wird davon beeinflusst. Es bestehen jedoch Freiheitsgrade in Bezug auf die Umsetzung der Leistungserbringung und in Bezug auf die Art der Ausgestaltung der Ressourcenvorhaltung. Hier können Entscheidungsspielräume über die Mobilität der vorgehaltenen Ressourcen genutzt werden.

Im Rahmen der Gestaltung der OP-Organisation wird mit der Ressourcenmobilität festgelegt, wie flexibel die vorhandenen Räume, Geräte oder das Personal eingesetzt werden können. Barkaoui et al. (2002) untersuchen diesen Aspekt in Bezug auf den operativen Personaleinsatz. In einem Fall werden für die Behandlung elektiver Patienten und Notfallpatienten jeweils bestimmte Personen abgestellt und diesen Aufgaben fest zugeordnet. Im anderen Fall kann das Personal flexibler eingesetzt werden, da das gesamte OP-Personal gleichermaßen die Behandlung von elektiven Fällen und Notfällen übernimmt.

Ebenso lässt sich die Flexibilität der physischen Ressourcen in der OP-Organisation variieren. Dies betrifft die Mobilität der Gerätevorhaltung und die Ausstattung der OP-Bereiche. Die einzelnen OP-Säle können so eingerichtet sein, dass sie als „fix ausgestattete OP-Säle" auf bestimmte chirurgische Eingriffe angepasst sind. Alternativ können „mobil bestückbare OP-Säle" so konfiguriert sein, dass sie vielseitiger und flexibel für verschiedene Disziplinen und Eingriffe eingesetzt werden können. Diese mobil bestückbaren OP-Säle verfügen über eine Disziplinen-übergreifend geeignete Grundausstattung. Spezielle Funktionsgeräte werden zusätzlich in einem gemeinsamen Gerätepool bereitgestellt. So können die OP-Säle je nach Bedarf flexibel ausgerüstet werden (Denz et al. 2008). Diese flexiblere Einsetzbarkeit erfordert im Gegensatz zu fix ausgestatteten OP-Sälen zusätzliche Aktivitäten zur Umrüstung der OP-Säle. Jedoch deuten Überkapazitäten und geringe Auslastungsgrade auf das Potential zur Steigerung der Ressourceneffizienz hin und halten dazu an, den Grad der Ressourcenmobilität zu überdenken und zu überprüfen.

9.2 Determinanten der Ablauforganisation

Neben diesen grundlegenden, aufbauorganisatorischen Gestaltungsoptionen sind bei der konkreten Ausgestaltung eines OP-Bereichs weitere ablauforganisatorische Parameter festzulegen. Die Gestaltungsoptionen der Ablauforganisationen bewegen sich dabei im Rahmen der Vorgaben der Aufbauorganisation.

Zunächst werden die Parameter der Potentialdimension in Bezug auf das OP-Personal, die vorgehaltenen Räume und Spezialgeräte behandelt und anschließend die Parameter der Prozessdimension.

9.2.1 Personal

Das OP-Personal gliedert sich im Wesentlichen in die fünf Berufsgruppen der Anästhesisten, Anästhesiepfleger, Chirurgen, OP-Pflegekräfte und Reinigungskräfte, vgl. (Barkaoui et al. 2002). Im Rahmen der Personalplanung ist zu entscheiden, wie viel Personal in den jeweiligen Berufsgruppen bereitgestellt werden soll. Bei der Planung des Gestaltungsparameters der Personalvorhaltung werden in der Literatur unterschiedliche Ansätze gewählt. Zum einen erfolgt eine Planung auf Ebene einzelner Berufsgruppen, zum anderen auf der Ebene von OP-Teams.

Bei der Planung nach Berufsgruppen werden in der Regel ausgewählte Berufsgruppen fokussiert, die sich als Engpass erweisen. Für diese Berufsgruppen wird die Anzahl der bereitgestellten Personen variiert. Die anderen Berufsgruppen werden konstant gehalten bzw. in ausreichendem Umfang zur Verfügung gestellt. Die Arbeiten von Hanss et al. (2005); Torkki et al. (2005); Sandberg et al. (2005) beispielsweise, untersuchen durch Änderungen in der Personalausstattung der Anästhesisten das Potential einer überlappenden Patienteneinleitung. Während ein Anästhesist noch in einem aktuell operierenden OP-Team beschäftigt ist, bereitet ein anderer Anästhesist bereits den nächsten Patienten auf den folgenden Eingriff vor, sodass bei dem Wechsel zweier Operationen weniger Leerzeit für Personal und OP-Saal entsteht. Baesler und Sepulveda (2001) untersuchen den Personalbedarf in der OP-Pflege, speziell den Bedarf an Blutabnahmepflegern bei Beginn einer onkologischen Behandlung. Dabei suchen sie die bestmögliche Anzahl an Pflegern. Blasak et al. (2003) hingegen gehen von einer gegeben Anzahl Pflegepersonal aus und analysieren nur eine Variante. Sie beurteilen Verbesserungsmöglichkeiten durch das Hinzufügen einer weiteren „triage-nurse", einer Pflegekraft die ankommende Notfälle klassifiziert und weiterleitet.

Bei der Planung auf der Ebene von OP-Teams werden nicht einzelne Berufsgruppen als Engpass betrachtet. Stattdessen wird vorab eine Zusammensetzung eines OP-Teams über alle Berufsgruppen hinweg festgelegt. Ein OP-Team setzt sich dabei in der Regel aus einem Anästhesisten, zwei OP-Pflegekräften, einem Operateur und einer variablen Zahl Assistenzärzten zusammen. So planen Denton et al. (2006) das Personal als OP-Teams, d.h. sie bilden vorab eine definierte Teamzusammensetzung als Planungseinheit für den Personalbedarf.

In dieser Arbeit wird der Personalbedarf der einzelnen Berufsgruppen individuell betrachtet. Es sind jedoch zwei Aspekte bei der Planung des Personals wichtig, die hier noch einmal explizit erwähnt werden sollen. Zum einen wird der betrachtete OP-Bereich als Servicezentrum gesehen, das den Chirurgen das nötige Umfeld für operative Eingriffe bereitstellt. Die Berufsgruppe der Chirurgen tritt im Rahmen der OP-Planung hier also nicht als zu planender Bestandteil auf. Sie bleibt autonom und fordert sozusagen als „Kunde" lediglich die OP-Termine an. Zum anderen wird der Personalbedarf nur für die primäre Leistungserstellung ermittelt, d.h. für patientenbezogene Aktivitäten. Sekundäre

Leistungen wie z.B. logistische Aufgaben zum auffüllen von Zwischenlagern o.ä. werden nicht einbezogen.

9.2.2 Räume

Ein OP-Trakt besteht aus präoperativen Räumen, wie Patientenschleusen, Holding-Area (präoperative Warteräume) und/oder Einleitungsräumen, aus OP-Sälen und aus postoperativen Räumen, wie Umbett- und Aufwachräume in denen die Nachsorge stattfindet. (Barkaoui et al. 2002; Weiss et al. 2002)

Die OP-Säle stellen die zentralen Räume eines OP-Trakts dar, in denen die chirurgische Kernleistung erbracht wird. Musskriterien - wie eine OP-Tischvorrichtung, Deckenbeleuchtung, Belüftung, ein Anästhesiegerät und Schneidegerät - spezifizieren die Elemente der Grundausstattung, welche in jeder Art von OP-Saal vorhanden sein müssen. Unterschiedliche Fachbereiche und Eingriffstypen können dabei unterschiedliche Anforderungen an die OP-Ausstattung aufweisen (Denz et al. 2008). So fordern Knochenoperationen mit einem speziellen Hygienegrad eine andere Belüftung als beispielsweise HNO-Eingriffe.

Zudem ist in einem klassischen OP-Layout jeder OP-Saal mit einem Einleitungs- und einem Ausleitungsraum, einem Waschraum, einem Vorratsraum und einem Entsorgungsraum versehen (Weiss et al. 2002). Es ergeben sich jedoch Variationsmöglichkeiten im Bereich der Einleitungs- und Ausleitungsräume. Diese Räume können separat für jeden OP-Saal vorgehalten, von mehreren Sälen gemeinsam genutzt werden oder auch ganz entfallen.

So können Einleitungsräume auch als postoperative Räume zur Narkoseausleitung verwendet werden. Da die Ausleitung nur in wenigen Fällen zeitaufwändig ausserhalb des OP-Saal erfolgt, liegt die Auslastung reiner Ausleitungsräume unter 10% (Weiss et al. 2002). Daher sind separate Ausleitungsräume reduzierbar und rechtfertigen nicht die hohen Vorhaltungskosten für die notwendige redundante Notfallausrüstung.

Als Gestaltungsoptionen im OP-Layout lassen sich in Deutschland neben dem klassischen Layout vier weitere, alternative OP-Layouts (die den geltenden Sicherheits- und Hygienevorschriften entsprechen) aufführen, welche zunehmend Verbreitung finden (Weiss et al. 2002):

• Es wird ganz auf Einleitungsräume verzichtet und die Narkoseeinleitung wird im OP-Saal durchgeführt. Jeder OP-Saal besitzt eine Ausfuhrschleuse. Wasch- und Versorgungsräume können zwei OP-Sälen zugeordnet sein. Der wesentliche Vorteil liegt in der erheblichen Reduktion des Investitionsvolumens durch die Minimierung der Doppelvorhaltung von OP-Geräten und in der Einsparung von Zusatzflächen für den Einleitungsbereich. Da in diesem Layout jedoch keine überlappende Einleitung möglich ist, eignet es sich vor allem für OP-Abteilungen mit wenig OP-Wechseln und kurzen Narkoseeinleitungen.

- Ein Einleitungsraum ist zwei (oder mehreren) OP-Sälen zugeordnet und dient als Ein- und Ausleitungsraum. Auch hier werden gegenüber dem klassischen Konzept die vorzuhaltenden Ressourcen und Betriebskosten vermindert. Dieses Raumkonzept ermöglicht mit entsprechendem personellen Mehraufwand eine überlappende Einleitung. Es hat sich für Abteilungen mit überwiegend elektiven Operationen mit im Verhältnis zur Einleitungszeit kurzen OP-Zeiten bewährt.

- Es existieren mehrere Einleitungsräume, die auch als Ausleitungsräume genutzt werden können, jedoch ohne direkte OP-Saal-Zuordnung. Die Ein- und Ausleitungszonen sind vom OP-Saal abgekoppelt. Das Verhältnis von Einleitungsplätzen zu OP-Sälen liegt bei 1:3 bis 1:4. Dieses Layout eignet sich für ein Operationsspektrum mit langen Narkoseeinleitungen und regelmäßigen, unplanbaren Notfalloperationen.

- Zwei OP-Säle bilden eine funktionelle Einheit mit Verzicht auf Einleitungs- und Ausleitungsräume. Eine überlappende Einleitung kann durch wechselseitige Nutzung der OP-Säle erreicht werden. Wie auch die Studie von Denton et al. (2006) zeigt, eignet sich diese Variante vor allem für kurze Eingriffsdauern und eine hohe Operationsfrequenz pro Tag, wie z.B. bei ambulanten Operationen.

In jedem Layout richtet sich der Raumbedarf eines OP-Trakts nach der Anzahl der OP-Säle. Inklusive umgebender Räume kann ein Grundflächenbedarf von 160-180 m^2 je OP-Saal angesetzt werden. Bei einem OP-Neubau können durch die Einsparung eines OP-Saals - zusammen mit der notwendigen Ausstattung - Investitionskosten im Millionenbereich vermieden werden. Da die Umsetzungsdauer neuer Planungen 5-8 Jahre beträgt und die anschließende Betriebsdauer etwa 20 Jahre, sollte die Einsetzbarkeit und Mobilität der Ausstattung den zu erwartenden Anforderungen und ihren möglichen Änderungen Rechnung tragen (Weiss et al. 2002).

9.2.3 Spezialgeräte

Manche Eingriffe benötigen zusätzlich zur Grundausstattung eines OP-Saals eine spezielle Ausrüstung (Sier et al. 1997). Diese Spezialgeräte sind nicht Teil der Grundausstattung eines OP-Saals. Die zusätzlichen, optionalen Elemente - wie Bronchoskope, minimalinvasive Endoskopiegeräte, Mikroskope, HF-Geräte oder Neuronavigationsgeräte - sind abhängig von funktions- und disziplinenspezifischen Anfoderungen (Schleppers et al. 2003).

Spezialgeräte können in ausgewählten OP-Sälen eines Traktes fest installiert sein oder mobil für alle OP-Säle zur Verfügung stehen (Denz et al. 2008; Sier et al. 1997). Eine mobile Bereitstellung der Geräte ermöglicht eine flexiblere Nutzung der OP-Säle, führt jedoch durch den Transport der Geräte zwischen OP-Sälen zu höheren Rüstzeiten.

Für Spezialgeräte ergeben sich Gestaltungsoptionen in der Art und Anzahl der vorgehaltenen Geräte, sowie in einer fixen oder mobilen Bereitstellung.

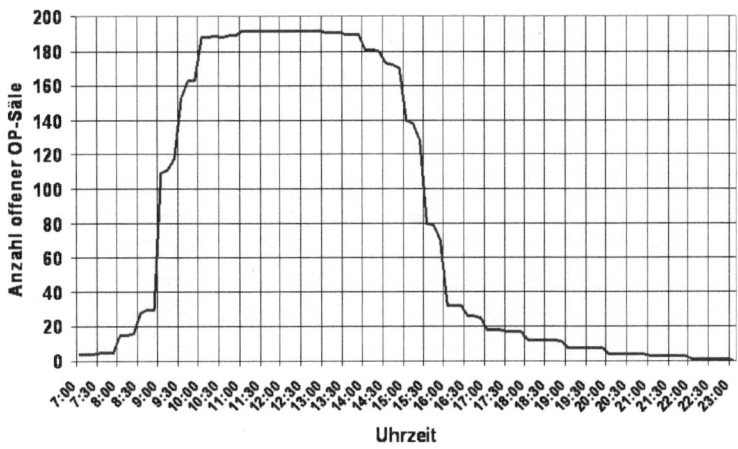

Abbildung 9.1: Anzahl geöffneter OP-Bereiche im Tagesablauf

9.2.4 OP-Laufzeiten

Der Gestaltungsparameter der OP-Laufzeit determiniert die geplante OP-Betriebszeit. Diese Zeit kann von halbtags- bis ganztags bis hin zu einem 24-Stunden Betrieb reichen. Eine Verlängerung der OP-Laufzeit kann eine Alternative zu einer Kapazitätserweiterung durch neue OP-Säle darstellen (Lovejoy und Li 2002). Dennoch ist nach einer Umfrage auf dem Deutschen Anästhesiekongress (Denz et al. 2007) ein 8-Stunden Planbetrieb am weitesten verbreitet, wobei dieser zumeist zwischen 8-8:30 Uhr und 16-16:30 Uhr liegt (vgl. Abbildung 9.1).

9.2.5 Personaleinsatzplanung

Die Personaleinsatzplanung spezifiziert die Schichtenplanung für das im OP tätige Personal. Die Schichtenplanung kann für feste OP-Teams berufsgruppenübergreifend erstellt werden, sodass Präferenzen berücksichtigt werden können (Becker und Czap 2006). Sie kann aber auch für einzelne Berufsgruppen separat erfolgen. Eine separate Schichtenplanung ermöglicht einen zeitversetzten Schichtbeginn, sodass für Personengruppen mit präoperativen, vorbereitenden Tätigkeiten ein früher Beginn geplant werden kann.

Nach einer eigenen Studie (Denz et al. 2007) liegt ein versetzter Arbeitsbeginn mit einer separaten Planung in 76,7% der deutschen Krankenhäuser vor. Typische Varianten bei der Schichtenbildung kombinieren Früh-, Mittag-, Spät- und Nachtschichten (Evans et al. 1996). Halbtagsschichten wie die Früh-, Mittag- und Spätschicht umfassen vier Stunden,

Ganztagsschichten zwischen sieben bis acht Stunden (Dexter et al. 1999). Nachtschichten werden in der Regel als Ganztagsschichten mit acht Stunden angesetzt (Evans et al. 1996).

9.2.6 OP-Planung

Mit dem OP-Plan wird das **Tagesprogramm** für einen OP-Bereich festgelegt sowie die **Reihenfolge** in der die Patienten behandelt werden sollen. Die Möglichkeit das tägliche OP-Programm im Voraus zu planen ist durch Notfälle und dringliche chirurgische Eingriffe begrenzt. Auch die Anspruchshaltung der Patienten ändert sich und die Wartezeit, die ein Patient auf einen planbaren Eingriff akzeptiert, ist limitiert. Nach Dexter et al. (1999) liegt sie bei etwa zwei bis vier Wochen. Insgesamt ist die operative Planung im stationären Umfeld durch starke Unsicherheitsfaktoren gekennzeichnet (Schlüchtermann 1990; Gierl 1979; Paulussen et al. 2004) und für die Erstellung des täglichen OP-Plans wird daher ein Vorlauf von nur einem oder wenigen Tagen angesetzt (Sier et al. 1997; Beliën und Demeulemeester 2007; Paoletti und Marty 2007).

Als Planungsverfahren zur Festlegung des Tagesprogramms und der Reihenfolge der Patienten werden Erfahrungswerte, Prioritätsregeln oder mathematische Verfahren eingesetzt. Der Umfang des insgesamten **Tagesprogramms** kann nach erprobten Auslastungskriterien festgelegt werden, z.B. bis zu einer 80-85%igen OP-Saalauslastung (Lowery und Davis 1999). Im Tagesprogramm können auch Notfallkapazitäten berücksichtigt werden, z.B. über eine geringere Auslastung mit elektiven Fällen, durch das Einfügen von Puffern und Verzögerungen in der Planung oder durch die Vorhaltung separater Ressourcen (Barkaoui et al. 2002; Gerchak et al. 1996; Denton et al. 2006; Sier et al. 1997).

Die Planung der **Patientenreihenfolge** kann (z.B. nach einem First-Come-First-Served Prinzip) zufällig, ohne bestimmte Regeln erfolgen (Marcon und Dexter 2007; Kwak et al. 1976). Häufig werden jedoch Prioritätsregeln verwendet. Dabei erfolgt die Einplanung der Patienten nach Kriterien wie der Dringlichkeit einer Behandlung, der Dauer einer OP, nach dem Aufwachraumbedarf oder nach dem Alter der Patienten, vgl. (Marcon und Dexter 2007; Kwak et al. 1976; Sier et al. 1997). Auch kombinierte Prioritätsregeln werden eingesetzt, insbesondere für die Operation von Kindern (Sier et al. 1997). Kinder (unter ca. zehn Jahren) werden zu Beginn des Tages mit aufsteigendem Alter eingeplant, Jugendliche und Erwachsene danach z.B. nach absteigender OP-Dauer. An diese Ausgangsplanung können sich Korrekturen von Experten anschließen, in denen z.B. im Rahmen des Gerätemanagements potentielle Ressourcenkonflikte überprüft werden (Sier et al. 1997; Geldner et al. 2003).

Daneben existieren auch Ansätze einer integrierten Planung des Tagesprogrammes und der Patientenreihenfolge. Diese Ansätze versuchen den OP-Plan nach bestimmten Bewertungskriterien zielgerichtet zu erstellen und berücksichtigen Nebenbedingungen wie

Ressourcenkonflikte oder maximale Wartezeiten. Sie teilen die OP-Planerstellung in die drei Phasen der Surgical-Mix-Planung (anteilige Aufteilung der OP-Zeit auf verschiedene chirurgische Disziplinen), der Block-Schedule-Planung (Zuteilung von täglichen Block-Zeiten) und der täglichen Fall-Planung (Reihenfolgenplanung der einzelnen Behandlungen). Als Lösungsverfahren verwenden sie u.a. Bin-Packing-Algorithmen, Mixed-Integer Programmierung, Simulated-Annealing-Heuristiken sowie Kombinationen dieser Ansätze, bei denen z.T. auch auf Prozesssimulation zurückgegriffen wird (Sier et al. 1997; Beliën und Demeulemeester 2007; Dexter et al. 1999).

9.2.7 Patientenabruf bzw. Patienteneinbestellung

Der Gestaltungsparameter der Patienteneinbestellung wird in Simulationsstudien häufig für ambulante OP-Bereiche untersucht (Jun et al. 1999). Da sich die Patienten erst am Tag der OP in das Krankenhaus begeben, ist hier mit Schwankungen, d.h. mit Verspätungen oder Ausfällen bei der Ankunft der Patienten zu rechnen. Denton et al. (2006) ermitteln die möglichst beste Strategie zur Patienteneinbestellung für einen OP-Bereich mit ambulanten Eingriffen mit einem kombinierten Verfahren aus Simulation und Simulated Annealing. Im Umfeld stationärer Behandlungen entspricht die Problemstellung der Patienteneinbestellung dem Patientenabruf. Der Patientenabruf stellt hier einen Steuerungsparameter des täglichen OP-Betriebs dar (Zöller et al. 2006a). Der Patient, der sich bereits im Krankenhaus befindet, wird bei Bedarf von einer Pflegestation abgerufen und antransportiert. Der Abruf erfolgt mit einem zeitlichen Vorlauf, der sich nach Erfahrungswerten der Operateure oder Faustregeln richtet. Ein standardmäßig früherer Abruf führt dabei zu einem höheren Personal- und Ressourcenbedarf im OP-Bereich während ein kürzerer Abrufvorlauf potentiell zu verspäteten Patientenankünften und Leerstandszeiten im OP-Saal führt (Baumgart et al. 2007; Zöller et al. 2006a).

9.2.8 Letzter Patientenabruf

Notfälle, Komplikationen und Varianzen in der OP-Dauer können dazu führen, dass das für einen Tag geplante OP-Programm nicht in der Regelzeit abgearbeitet werden kann. In diesem Fall stellt sich die Frage, ob das OP-Programm ungeachtet der entstehenden Überstunden abgearbeitet oder ob ab einem gewissen Zeitpunkt der OP-Betrieb eingestellt wird und verbleibende OP-Punkte auf den nächsten Tag verschoben werden. Steward und Standridge (1996) z.B. untersuchen die Auswirkung des letzten Patientenabrufes auf die OP-Überstunden, als Indikator für Overhead-Kosten und Patientenzufriedenheit. Die Festlegung des letzten Abrufzeitpunktes stellt entsprechend einen weiteren Gestaltungsparameter des täglichen OP-Betriebs dar.

Gestaltungsgröße	Prämissen
Zentralisierungsgrad	de- oder zentrale Ressourcen und Administration
Ressourcenmobilität	mobile oder fest installierte Geräte
Anzahl Personal	Anzahl OP-Teams oder Mitarbeiter je Berufsgruppe
Anzahl Räume	Anzahl OP-Säle und Art des OP-Layouts oder Anzahl aller Raumtypen
Anzahl Spezialgeräte	Gesamtbedarf aller Spezialgeräte
OP-Laufzeiten	OP-Beginn und geplanter OP-Schluss
Personaleinsatzplanung	Kominationen aus Früh-, Mittag-, Spät- und Nachtschicht
OP-Planung	Umfang des Tagesprogramms und Reihenfolgeplanung
Patientenabruf	per Termin oder per Abruf aus dem OP-Saal
Letzter Patientenabruf	spätester Zeitpunkt für den letzten Abruf

Tabelle 9.1: Überblick wesentlicher Gestaltungsgrößen der OP-Organisation

9.3   Zusammenfassung

Die zuvor aufgeführten Gestaltungsgrößen geben einen Überblick über die wesentlichen Parameter einer Simulationsstudie. Die Gestaltungsgrößen der OP-Organisation wurden strukturiert und in Parameter der Aufbau- und Ablauforganisation unterteilt. In der Ablauforganisation sind zusätzlich die Aspekte der Potential- und der Prozessdimension zu unterscheiden.

Die Annahmen zu diesen Parametern stellen die Prämissen einer Simulationsstudie dar. Im Rahmen einer Simulationsstudie bestehen diese Annahmen überwiegend aus konstanten Parametern, zu denen Ceteris-Paribus-Prämissen gesetzt werden. Nur die speziell betrachteten Gestsaltungsgrößen stellen variierende Parameter dar.

Da in der OP-Organisation komplexe Interdependenzen und Wechselwirkungen zwischen aufbau- und ablauforganisatorischen Gestaltungsparametern bestehen, ist es notwendig, alle diese Annahmen - sowohl zu konstanten als auch zu variierenden Parametern - offen zu legen. So wird gewährleistet, dass die Ergebnisse im jeweiligen Kontext interpretiert und die Übertragbarkeit der Ergebnisse auf alternative Situationen abgeschätzt werden kann.

Tabelle 9.1 gibt einen zusammenfassenden Überblick der zuvor aufgeführten Gestaltungsgrößen. Für jeden dieser Parameter wird der Inhalt der zugehörigen Prämissen skizziert. Die Prämissen dieser Untersuchung werden bei der Spezifikation der Simulationsszenarien, entlang dieses Schemas, offen gelegt (vgl. Abschnitte 11 und 11.4).

Kapitel 10

Modellierung der OP-Prozesse

Die Modellierung der OP-Prozesse erfolgt in den drei Schritten der

- qualitativen Modellspezifikation,

- quantitativen Modellspezifikation und

- Modellvalidierung.

In der qualitativen Modellspezifikation werden zunächst die Ablaufstrukturen chirurgischer Behandlungen erhoben. Dies geschieht anhand von veröffentlichten Prozessmodellen. Zudem findet eine Verfeinerung der Modellierung auf der Basis einer Feldstudie statt. Das resultierende OP-Prozessmodell wurde in Experteninterviews abschließend auf Richtigkeit und Vollständigkeit geprüft. Die Durchführung der Experteninterviews erfolgte mit den vier wichtigsten Berufgruppen im OP-Bereich. Dazu wurden jeweils zwei Vertreter aus den Berufsgruppen der Chirurgie, Anästhesie, OP-Pflege und Anästhesiepflege befragt. Neben Ergänzungen bei vor- und nachbereitenden Tätigkeiten führten die Interviews insgesamt zu einer Bestätigung des entwickelten Prozessmodells.

Aufbauend auf die qualitative Modellierung erfolgt in der quantitativen Modellierung die Erfassung der Prozesscharakteristika, wie z.B. Aktivitätsdauern. Diese werden für die Zwecke der Simulation in empirische bzw. theoretische Verteilungen überführt. In der Modellvalidierung wird das OP-Prozessmodell mit seinen qualitativen und quantitativen Eigenschaften in ein Simulationsmodell überführt und es wird evaluiert, ob dieses Simulationsmodell die Realität adäquat abbildet.

10.1 Qualitative Modellspezifikation

10.1.1 Grundstruktur chirurgischer Behandlungen

Die Hauptprozesse einer stationären Behandlung lassen sich entlang der Wertschöpfungskette (Heinzl et al. 2001, S. 32) in verschiedene Behandlungsphasen (Fischer 1997,

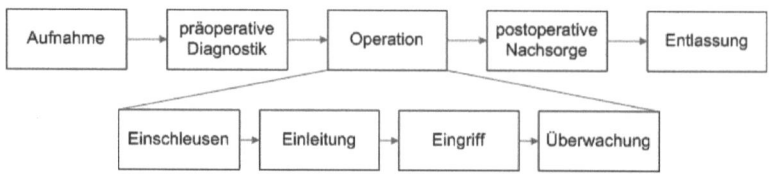

Abbildung 10.1: Behandlungsphasen einer chirurgischen Behandlung und Teilprozesse der chirurgischen Therapie

S. 55-61) unterteilen. In der elektiven Chirurgie folgen diese Behandlungsphasen, bzw. Hauptprozesse in einer festen Reihenfolge aufeinander (Zöller et al. 2006b; Raetzell und Bauer 2006) (vgl. Abbildung 10.1). Jede Behandlung beginnt mit einer Aufnahme, die eine Indikation, das heißt den Aufnahmegrund, liefert. In der anschließenden präoperativen Phase werden diagnostische Maßnahmen durchgeführt, welche die genaue Diagnose klären und die Art der Therapie, d.h. die Art des chirurgischen Eingriffes bestimmen. Die Phase der Operation umfasst die Durchführung des chirurgischen Eingriffes. Ihr folgen eine postoperative Nachsorge zur Kontrolle des Therapieerfolges und die Entlassung des Patienten.

Die Behandlungsphase der Operation stellt das Kernstück einer chirurgischen Behandlung dar (Schumpelick und Treutner 1999; Riedl 2002) und findet im OP-Bereich statt. Entsprechend enthält der Hauptprozess der Operation die für die OP-Organisation relevanten Abläufe.

Unabhängig von der organisatorischen Ausgestaltung des OP-Bereichs findet sich in der Literatur eine inhaltlich übereinstimmende Grundstruktur der OP-Abläufe (Barkaoui et al. 2002; Denton et al. 2006; Marcon und Dexter 2007; Zöller et al. 2006a; Raetzell und Bauer 2006). Die Operation lässt sich dementsprechend in die Teilprozesse der Einschleusung, Narkoseeinleitung, den operativen Eingriff und die Überwachung aufteilen (vgl. Abbildung 10.1). Diese Teilprozesse können wiederum mehrere untergeordnete Teilprozesse bzw. Einzelprozesse umfassen (Raetzell und Bauer 2006) (vgl. Abbildung 10.2).

In der qualitativen Modellierung erfolgt nun die Unterteilung des Hauptprozesses „Operation" in seine Einzelprozesse, sodass Aktivitätszeiten von Wartezeiten unterschieden werden können (Buddendick 2004; Lowery und Davis 1999). Diese Modellverfeinerung basiert zum Einen auf Teilprozessen, die aus der Literatur bekannt sind (Schütt und Bauer 2006; Raetzell und Bauer 2006; Denton et al. 2006; Barkaoui et al. 2002). Zum Anderen sind Ergänzungen und Verfeinerungen aus iterativen Expertenbefragungen und Begehungen aus einer eigenen Feldstudie in der Allgemeinchirurgie (ACH) und der Hals-Nasen-Ohren-Chirurgie (HNO) eines Universitätsklinikums der Maximalversorgung enthalten.

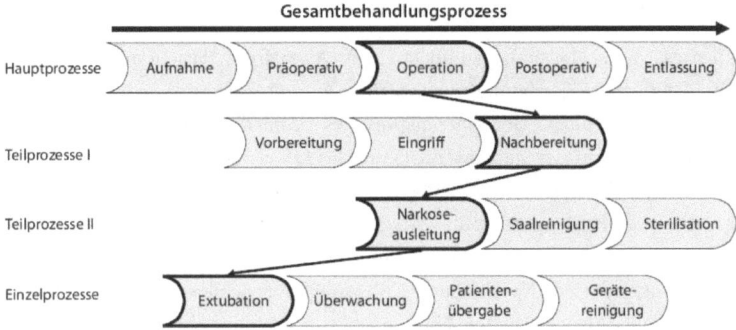

Abbildung 10.2: Grundstruktur einer chirurgischen Behandlung nach Raetzell und Bauer (2006)

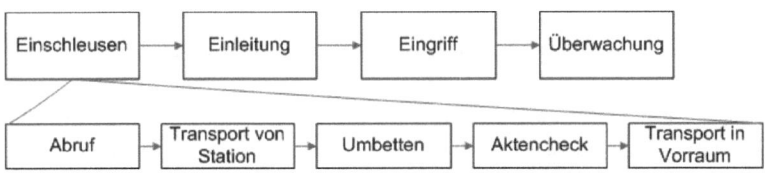

Abbildung 10.3: Untergliederung des Teilprozesses „Einschleusen"

Bei der Modellierung der OP-Abläufe werden patientenspezifische, vor- und nachbereitende Aktivitäten einbezogen (z.b. Material und Instrumente richten) sowie Aktivitäten zur Informationsweitergabe (z.b. Patientenabruf, Aktenchecks). Darüber hinaus werden Prozessvariationen für besondere Aktivitäten wie z.b. eine spezielle Lagerung berücksichtigt. Entsprechend der Verfeinerung der Aktivitäten wird auch die Zuordnung des beteiligten Personals zu den einzelnen Prozessschritten erhoben. Während die Reihenfolge der Einzelaktivitäten generalisierbar ist, können die Ressourcen- und Personalzuordnungen entlang eines OP-Ablaufes bei unterschiedlichen OP-Organisationen variieren. Daher wird im Folgenden ein Referenzprozess für chirurgische Eingriffe dargestellt, der strukturell generalisierbare Abläufe enthält. Die textuell beschriebenen Ressourcen- und Personalzuordnungen können jedoch je nach Aufgabenverteilung und baulichen Gegebenheiten variieren.

10.1.2   Einschleusen

Der Teilprozess „Einschleusen" beginnt mit dem **Abruf** des Patienten von der Bettenstation (Trill 2000, S. 151). Handelt es sich um den ersten Patienten im OP-Plan, erfolgt dieser Abruf nicht explizit. Der Antransport des Patienten findet zu einem festgelegten Zeitpunkt statt, der auf den geplanten Beginn des OP-Saal-Betriebs ausgerichtet ist. Beispielsweise kann bei einem OP-Saal Beginn um 8:00 ein Antransportzeitpunkt um 7:30 Uhr angesetzt sein (Schleppers et al. 2003).

Bei allen nachfolgenden Patienten veranlasst der Chirurg diesen Abruf während der noch laufenden Operation. Nach seinem Erfahrungswert schätzt er die noch verbleibende OP-Dauer des aktuellen Patienten ein und gibt mit einem entsprechenden Vorlauf die Anweisung den nächsten Patienten abzurufen und vorzubereiten. Der Abruf selbst wird vom OP-Personal übernommen. Dieses verständigt - meist telefonisch - das Personal der Bettenstation des entsprechenden Patienten.

Für den **Antransport von der Station** wird der Patient von der Stationspflege prämediziert und vor die OP-Aufnahme, d.h. vor die Schleuse gebracht (Greiling und Rudolf 2005, S. 170). In besonderen Fällen, z.B. bei Intensivpatienten, kann die Einschleusung auch über den Umbettraum statt über die Patienten-Schleuse erfolgen. Beim Einschleusen findet das **Umbetten** des Patienten vom Stationsbett in ein OP-Bett statt (Weiss et al. 2002; Denton et al. 2006). Zudem prüft das OP-Personal in einem **Aktencheck** die Patientenakte auf Vollständigkeit und bereitet administrative Unterlagen zur Dokumentation der Behandlung vor. Das Umbetten und der Aktencheck können in beliebiger Reihenfolge stattfinden. Ist die Einschleusung abgeschlossen, wird der Patient in den Vorbereitungsraum zur anästhesiologischen Vorbereitung gebracht und einer Anästhesie-Pflegekraft übergeben. Der Ablauf der Einschleusung ist in der ACH und HNO gleich, lediglich die Zeitenverteilung der Einzelprozesse kann Unterschiede aufweisen.

10.1.3   Einleitung

Die Einleitung beinhaltet als Hauptaufgabe die anästhesiologische Vorbereitung des Patienten (Raetzell und Bauer 2006; Barkaoui et al. 2002) und umfasst die in Abbildung 10.4 dargestellten Einzelprozesse.

Im Vorbereitungsraum richtet die Anästhesiepflege die zur Überwachung und Narkose notwendigen Materialien, Geräte und Instrumentarien. Die Vollständigkeit der Patientenakte wird noch einmal geprüft (Raetzell und Bauer 2006), insbesondere auf Angaben, die Art und Umfang der Narkose spezifizieren. Zur Überwachung wird der Patient an ein Basismonitoring angeschlossen, das Vitalfunktionen wie EKG und Blutdruck kontrolliert (Geldner et al. 2003).

Die perioperative Wartezeit des Patienten im Vorraum bedingt eine personalintensive Überwachung mit je einem OP-Angestellten für einen Patienten (Greiling und Rudolf

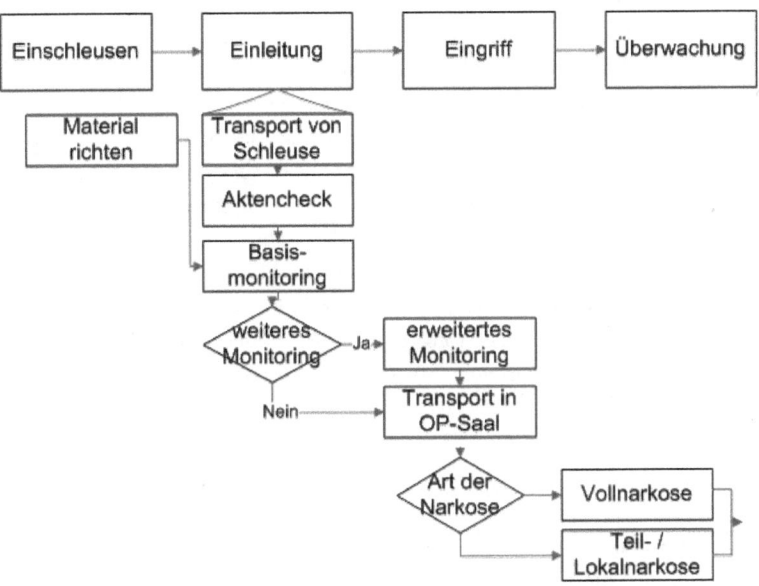

Abbildung 10.4: Untergliederung des Teilprozesses „Einleitung"

2005, S. 171). Treten hier regelmäßig lange Wartezeiten vor der Narkoseeinleitung auf, werden „Holdingareas" als sinnvolle Alternative zu separaten Einleitungsräumen angesehen. Sie erlauben eine gleichzeitige Vorbereitung und Überwachung mehrerer Patienten und ein späteres Umbetten der Patienten (Weiss et al. 2002).

Die Narkose selbst obliegt immer einem Anästhesisten und kann unterschiedlicher Art sein (Greulich und Thiele 1999). Bei einer Vollnarkose erhält der Patient nach der Verabreichung der Narkosemittel und nach Eintritt der Narkosewirkung einen Beatmungs-Tubus, über den die Sauerstoffversorgung geregelt wird (Intubation (Raetzell und Bauer 2006; Denton et al. 2006)). Teilnarkosen hingegen beeinflussen die Atmung des Patienten nicht und bewirken nur eine Unterdrückung des Bewusstseins, Schmerzempfindens und eine Muskelrelaxation. In solchen Fällen erfolgt keine Intubation und der Patient wird nach Eintritt der Narkosewirkung für den chirurgischen Eingriff freigegeben.

Für manche Eingriffe sind bei der Vorbereitung zusätzliche Maßnahmen für ein erweitertes Monitoring notwendig (Geldner et al. 2003) wie beispielsweise das Legen von Schmerzkathetern oder zentralvenösen Zugängen. Sind alle vorbereitenden Maßnahmen erfolgt und ist die Narkosewirkung eingetreten, wird der Patient vom Anästhesist freigegeben und in den OP-Saal transportiert. Zum Transport des Patienten gehört auch das Wechseln des Basismonitorings zwischen Vorraum und OP-Saal.

Nach der durchgeführten Feldstudie (vgl. Abschnitt 10.2.2 und Zöller et al. (2006a) unterscheidet sich der Ablauf der Einleitung in der ACH von der HNO. Im Gegensatz zur ACH werden in der HNO keine Teil- bzw. Lokalanästhesien und kein erweitertes Monitoring durchgeführt.

10.1.4 Eingriff

Vor den chirurgischen Maßnahmen des Operateurs wird der Patient chirurgisch vorbereitet. Dazu gehört die Lagerung des Patienten (Schütt und Bauer 2006; Denton et al. 2006), die im Regelfall von der OP-Pflege vorgenommen wird (vgl. Abbildung 10.5). Je nach Art des operativen Eingriffs kann jedoch eine spezielle, aufwändige Lagerung des Patienten notwendig sein, die vom Operateur selbst durchgeführt wird. In der HNO erfolgt die Lagerung im Gegensatz zur ACH immer vom Operateur selbst.

Parallel zur Lagerung können von der OP-Pflege die Instrumente für den Eingriff gedeckt werden und bei Bedarf auch Spezialgeräte vorbereitet bzw. antransportiert werden. Die chirurgischen Maßnahmen beginnen mit dem Hautschnitt des Operateurs, sobald die Vorbereitungen abgeschlossen sind und das OP-Team vollständig ist.

Die Zusammensetzung des OP-Teams kann insbesondere in der Anzahl beteiligter Chirurgen (Operateur und Assistenten) variieren. Es besteht jedoch eine Mindestbesetzung von einem Chirurgen (Operateur), einem Anästhesisten und zwei OP-Pflegekräften (Instrumenteur und OP-Springer) (Greiling und Rudolf 2005, S. 171).

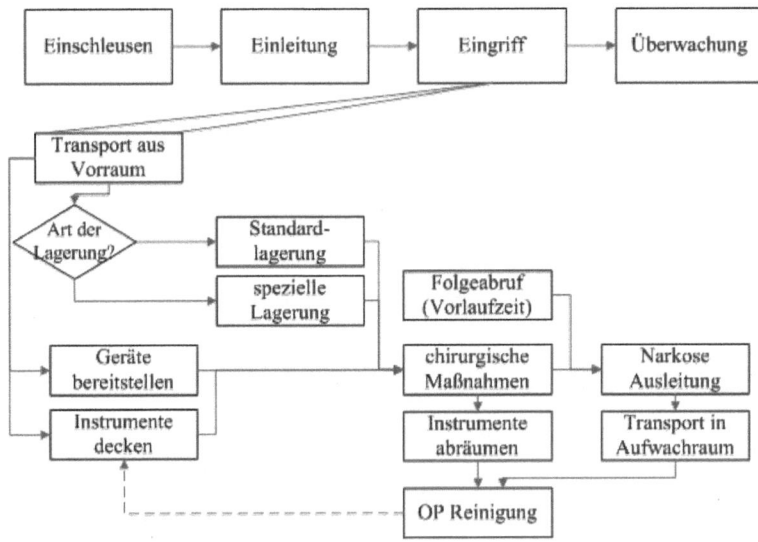

Abbildung 10.5: Untergliederung des Teilprozesses „Eingriff"

Die chirurgischen Maßnahmen umfassen die Zeit vom ersten Schnitt bis zum Ende der Hautnaht. Zudem können nach der Naht noch postoperative Maßnahmen zur Wundversorgung oder z.b. zur Anfertigung eines Gipses erfolgen.

Nach dem Ende der chirurgischen Maßnahmen kann das OP-Personal mit dem Abräumen der Instrumente beginnen. Parallel dazu wird der Patient vom Anästhesisten ausgeleitet (Schütt und Bauer 2006). Die Ausleitung ist beendet, wenn die Narkosewirkung nachlässt. Bei einer Vollnarkose ist dies die Extubation (Raetzell und Bauer 2006; Denton et al. 2006), bei welcher der Tubus nach Wiedereinsetzen der Atmung entfernt wird. Die Ausleitung kann ggf. auch außerhalb des OP-Saals stattfinden z.b. in einem freien Vorbereitungsraum in der Nähe des OP-Saals (Weiss et al. 2002). Anschließend wird der Patient in die Überwachungsräume des OP-Traktes transportiert.

Ist der Patient aus dem OP-Saal abtransportiert, kann die OP-Reinigung erfolgen (Marcon und Dexter 2007; Raetzell und Bauer 2006). Nach einer Trockenzeit wird der OP-Saal für die nächste Operation freigegeben und es können neue Instrumente gedeckt werden.

10.1.5 Überwachung

Nach dem Abtransport des Patienten aus dem OP-Saal wird er zur weiteren Überwachung (Denton et al. 2006; Raetzell und Bauer 2006) in ein Stationsbett rückgebettet (vgl.

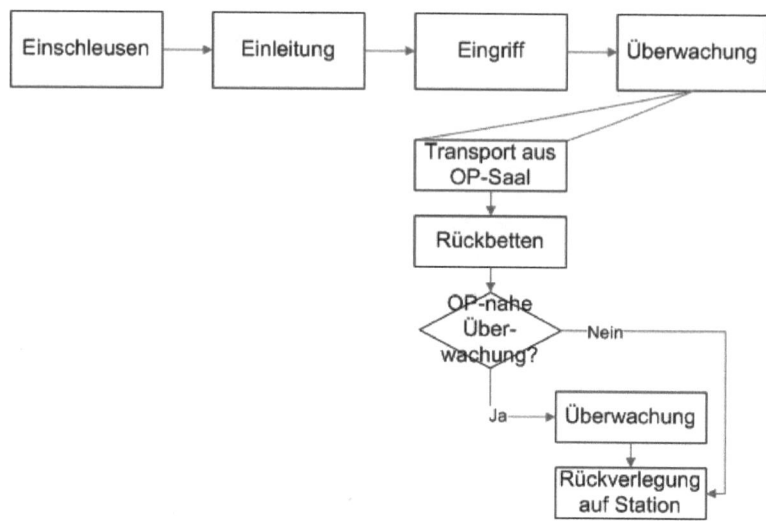

Abbildung 10.6: Untergliederung des Teilprozesses „Überwachung"

Abbildung 10.6).

Beim Umbetten erfolgt die Übergabe des Patienten an eine Anästhesie-Pflegekraft (Raetzell und Bauer 2006) zur weiteren Überwachung. Hierbei werden Informationen über Art und Verlauf der Operation weitergegeben. Je nachdem, ob eine OP-nahe Überwachung stattfindet oder nicht, wird der Patient vor Ort im Aufwachraum überwacht (Denton et al. 2006; Ramis et al. 2001) oder direkt auf eine periphere Station zurück verlegt.

Bei einer OP-nahen Überwachung wird ein bestimmtes Überwachungsverhältnis von Pflegekraft pro Patienten eingehalten. So kann für die untersuchten Bereiche der ACH und HNO ein Anästhesie-Pfleger zwei Patienten betreuen. Die Überwachung endet, wenn der Patient als ausreichend stabil eingestuft wird und den OP-Bereich verlassen kann. Die entsprechend zuständige, nachgelagerte Station (z.B. Pflegestation, Intensivstation, ambulante Station) wird informiert und holt den Patienten ab (Marcon und Dexter 2007).

10.2   Quantitative Modellspezifikation

In den vorangegangenen Abschnitten wurde die Modellstruktur qualitativ beschrieben. Daneben sind zur vollständigen Beschreibung des Modells auch die quantitativen Charakteristika zu spezifizieren. Diese gruppieren sich in drei verschiedene Kategorien (Lowery 1996; Blasak et al. 2003):

* Ankunftsverteilungen,

- Aktivitätsdauern,

- Verzweigungswahrscheinlichkeiten.

Die Ankunftsverteilungen beinhalten Informationen zu Anzahl und zeitlicher Verteilung von Patientenankünften sowie zum Ankunftsverhalten von Personal außerhalb des OP-Bereichs. Die Aktivitätsdauern geben die Verteilungen der einzelnen Prozessdauern an und die Verzweigungswahrscheinlichkeiten spezifizieren die Häufigkeit alternativer Behandlungsabläufe.

Da sich diese quantitativen Modelleigenschaften in verschiedenen Fachbereichen unterscheiden können, müssen sie jeweils separat erhoben und abgebildet werden. Die quantitative Modellspezifikation basiert in dieser Arbeit daher auf den Daten aus den Fachbereichen der Allgemeinchirurgie (ACH) und der Hals-Nasen-Ohren-Chirurgie (HNO) eines Universitätsklinikum der Maximalversorgung. Die Datengrundlage dieser Feldstudie umfasst in jedem Fachbereich sowohl Kernzeiten aus der Standarddokumentation des Kliniksystems als auch manuelle Zeitenerhebungen zu nicht dokumentierten Einzelprozessen. Die manuelle Zeiterfassung erstreckt sich für die ACH über zehn Tage mit 102 Eingriffen und für die HNO über zehn Tage mit 128 Eingriffen. Die Daten aus der Standarddokumentation beinhalten für die ACH drei Monate (68 Arbeitstage) mit 726 Eingriffen und für die HNO zwölf Monate (251 Arbeitstage) mit 3184 Eingriffen.

Der Vergleich der Daten aus dem klinischen Erfassungssystem mit den real beobachteten Zeiten zeigt erhebliche Abweichungen (Zöller et al. 2006a). So trat für den Zeitpukt des Patientenabrufes eine Differenz von etwa 26 Minuten auf und für den Transportzeitpunkt des Patienten in den OP-Saal eine Differenz von etwa 43 Minuten. Dies verdeutlicht, dass die Zeitdokumentation eine nachrangige Aufgabe für das klinische Personal darstellt, dessen Aufmerksamkeit vorrangig zur Patientenbehandlung notwendig ist. Entsprechend sind im Kliniksystem nur wenige Kernzeiten adäquat dokumentiert. Daher werden aus dem Kliniksystem nur die Informationen zur Anzahl der Eingriffe pro Tag sowie zu Schnitt-Naht- und Überwachungszeiten für die quantitative Spezifikation verwendet.

Die Prozesscharakteristika wurden jeweils separat für die ACH und die HNO empirisch gemessen. Es existieren jedoch Einzelprozesse, wie Gerätetransporte oder die Abholung des Patienten von der Station, die sich nicht durch fachspezifische oder patientenbezogene Faktoren unterscheiden. Für diese Einzelprozesse erfolgt eine gemeinsame Betrachtung.

Weiterhin wird für alle Aktivitätsdauern geprüft, ob sie sich mit einer theoretischen Verteilung approximieren lassen. Dabei wird mittels Chi-Square bzw. Konglomorov-Smirnov-Tests die Übereinstimmung der empirischen Verteilung mit einer Beta-, Erlang-, Exponential-, Gamma-, Longnormal-, Normal-, Dreiecks-, Gleich- und Weibull-Verteilungen untersucht. Die Aktivitätsdauern werden - innerhalb ihrer Minimal- und Maximalwerte - als approximierbar angesehen, wenn die Verteilung mit dem geringsten quadratischen Fehler einen Signifikanzwert (Wahrscheinlichkeitswert) von mindestens $p = 0,1$ aufweist

(Kelton et al. 2004, S. 161). Die Funktionsapproximation wird mit dem Input-Analyzer der Simulationssoftware ARENA durchgeführt. Für die Approximation werden nur Funktionen mit einem p >= 0,1 in die Auswahl gezogen. Von diesen Funktionen wird diejenige mit dem geringsten quadratischen Fehler ausgewählt. Im Rahmen der Modellvalidierung (vgl. Abschnitt 10.3.1) wird der Übergang zu approximierten Verteilungen noch einmal überprüft (Kelton et al. 2004, S. 162). Hierbei sollten die Simulationsergebnisse mit empirischen und theoretischen Verteilungen keine signifikanten Unterschiede aufweisen.

Darüber hinaus ist zu berücksichtigen, dass in der Literatur und in der berufsständischen OP-Dokumentation keine einheitliche Definition von Zeitdauern existiert (Busse 2004; Opderbecke und Weißauer 2002; Bauer et al. 2004). Um die Aktivitätsdauern eindeutig zu definieren, werden daher die verwendeten Zeitendefinitionen und ihre Inhalte beschrieben.

10.2.1 Ankunftsverteilungen

Patientenankünfte

Patientenankünfte werden ursprünglich von krankheitsbedingten Ursachen ausgelöst. Die dem OP-Bereich vorgeschaltete OP-Planung modifiziert jedoch das ursprüngliche Ankunftsverhalten der Patienten (Schlüchtermann 1990). Daher erweisen sich die beobachteten Ankunftsverteilungen als individuelle empirische Verteilungen mit täglich 8-16 Eingriffen in der ACH und 9-21 Eingriffen in der HNO (vgl. Abbildungen 10.7(a) und 10.7(b)). Für die ACH lässt sich zudem eine Approximation durch eine Weibull-Verteilung durchführen. Dies ist in Abbildung 10.7(a) erkennbar. Das Histogramm bildet die empirisch beobachtete Verteilung ab, die Kurve zeigt die theoretische Verteilung aus der Funktionsapproximation. Die X-Achse gibt die Anzahl Patienten pro Tag an und die Y-Achse den Wahrscheinlichkeitswert der zugehörigen Dichtefunktion. Aus der Legende können der Mittelwert (MW), die Standardabweichung (SD), der Minimalwert (MN) und der Maximalwert (MX) der empirischen Verteilung entnommen werden sowie die theoretische Dichtefunktion, ihr quadratischer Fehler (r2) und ihr Signifikanzwert (p).

Notfallankünfte

Auch das Ankunftsverhalten der Notfälle wird durch eine dem OP-Bereich vorgeschaltete Notfallaufnahme beeinflusst. Von dort werden die ankommenden Notfälle nach einer Erstdiagnose auf unterschiedliche Fachbereiche und Abteilungen verteilt. Im betrachteten Fall weist das Patientengut der ACH einen Anteil von 8,31% Notfällen auf. Die zeitliche Verteilung zeigt eine Anhäufung der Notfälle zu OP-Beginn und gegen Nachmittag (vgl. Abbildung 10.7(c)). Die HNO weist nur einen Anteil von 0,7% Notfällen auf. Daher wird ihr Ankunftsverhalten im Tagesablauf näherungsweise analog zur ACH geplant.

Ankunft der Operateure

Die Ankunft von Operateuren zu einem Eingriff im OP-Saal hängt von OP-Bereichs-externen Faktoren ab, da der Arzt zusätzliche Aufgaben und Verpflichtungen außerhalb des OP-Bereiches, z.B. auf der Pflegestation, wahrnehmen muss. Diese Aufgaben und Prozesse liegen nicht im Gestaltungsbereich der OP-Organisation.

In der HNO führt ein Chirurg häufig mehrere aufeinanderfolgende Operationen durch, ohne den OP-Bereich zu verlassen. Daher weist die HNO geringere Schwankungen bei der Ankunft des Chirurgen auf als die ACH, in der die Ankünfte einer Normalverteilung folgen (vgl. Abbildungen 10.7(d) und 10.7(e)).

An dieser Stelle sei darauf hingewiesen, dass eine spätere Ankunft des Chirurgen nicht generell zu einer Verzögerung des OP-Ablaufs führt. Nach der Ankunft des Patienten im OP-Saal können noch vorbereitende Aktivitäten stattfinden, welche die Anwesenheit eines Chirurgen nicht erfordern. Wann sich eine spätere Ankunft des Operateurs prozessrelevant auswirkt, hängt also vom Einzelfall ab.

10.2.2 Prozessdauern

Patientenabruf

Der Abruf des nachfolgenden Patienten erfolgt während einer laufenden Operation mit einer gewissen Vorlaufzeit zur Vorbereitung des nächsten Patienten. Diese Vorlaufzeit wird gemessen als die Zeit zwischen der Anweisung des Operateurs und dem Ende der laufenden Operation. Die Fachbereiche der ACH und HNO weisen mit durchschnittlich 36,3 bzw. 33 Minuten ähnliche Vorlaufzeiten auf (vgl. Abbildung 10.8(a) und 10.8(b)). In der HNO weist der Abrufvorlauf jedoch eine geringere Schwankung auf und kann über eine Normalverteilung approximiert werden.

Die Abrufdauer bezeichnet die Zeit zwischen der Anforderung des nächsten Patienten durch den Operateur und der tatsächlichen Benachrichtigung der Stationspflege. Diese Zeit hängt davon ab, ob das OP-Personal die Stationspflege direkt erreicht. Ist dies nicht der Fall, muss der Abruf bis zum Erfolg wiederholt werden. Dadurch verzögert sich der Abruf in der ACH im Mittel um 6,27 und in der HNO um 2,36 Minuten (vgl. Abbildung 10.8(c) und 10.8(d)). Beide Prozessdauern lassen sich über eine Longnormalverteilung approximieren.

Antransportdauer

Die Antransportdauer misst die Zeit zwischen der Benachrichtigung der Stationspflege bis zur Ankunft des Patienten vor dem OP-Bereich. Die Antransportdaueren der ACH und der HNO sind vergleichbar und liegen bei durchschnittlich 20 Minuten (vgl. Abbildung 10.8(e) und 10.8(f)).

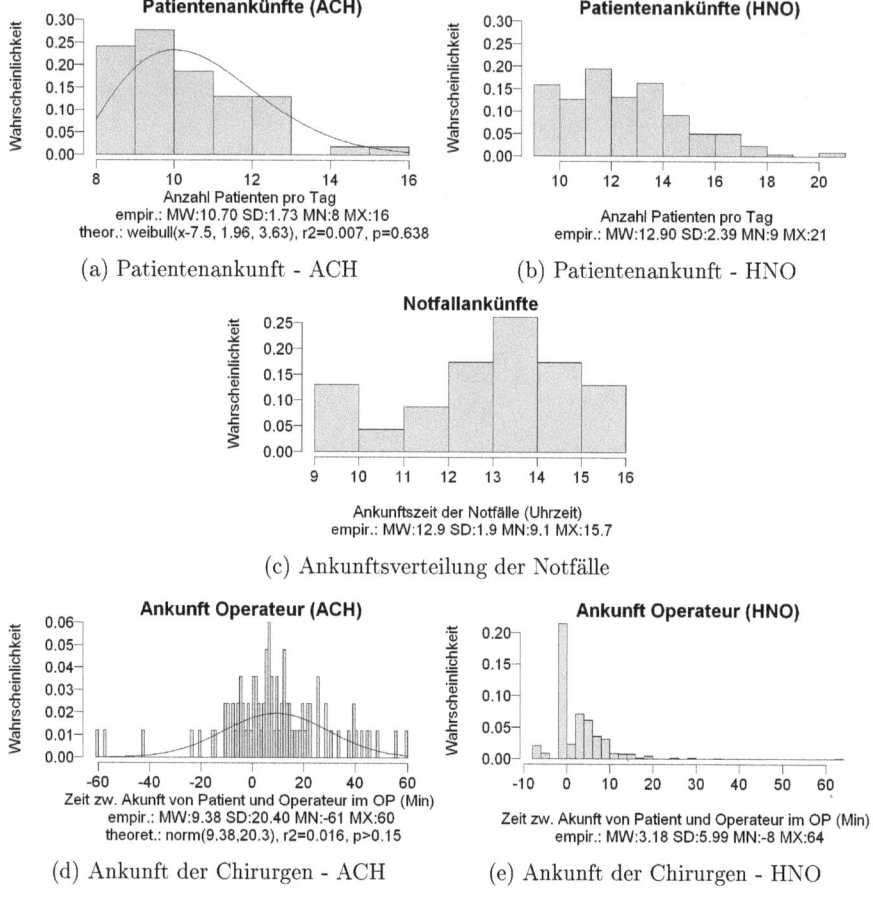

(a) Patientenankunft - ACH

(b) Patientenankunft - HNO

(c) Ankunftsverteilung der Notfälle

(d) Ankunft der Chirurgen - ACH

(e) Ankunft der Chirurgen - HNO

Abbildung 10.7: Ankunftsverteilungen

Um- und Rückbetten

Beim Einschleusen und bei der Übergabe zur Nachsorgeüberwachung wird der Patient um- bzw. rückgebettet. Dieses Umbetten dauert in der ACH im Mittel 3,86 Minuten und kann mit einer Gamma-Verteilung approximiert werden. Im Gegensatz zur ACH weisen die Patienten in der HNO eine geringere Beeinträchtigung der körperlichen Mobilität auf. Daher liegt die Umbettdauer in der HNO etwas niedriger und zeigt geringere Maximalwerte (vgl. Abbildung 10.8(g) und 10.8(h)).

Aktenchecks

Der erste Aktencheck in der Schleuse dauert sowohl in der ACH als auch in der HNO in der Regel nur zwei bis drei Minuten (vgl. Abbildung 10.9(b) und 10.9(a)). Der zweite Aktencheck im Vorraum fällt etwas länger aus und schwankt stärker als in der Schleuse. Hier werden genauere Informationen zu Art und Umfang der Anästhesie entnommen, welche zum Teil nachrecherchiert werden müssen (Zöller et al. 2006a). Der Aktencheck im Vorraum liegt im Mittel bei drei bis vier Minuten und kann in der ACH und in der HNO durch eine Longnormal- bzw. Gamma-Verteilung genähert werden (vgl. Abbildung 10.9(c) und 10.9(d)).

Patiententransporte im OP-Bereich

Patiententransporte fallen im OP-Bereich zwischen der Schleuse und dem Vorraum, dem Vorraum und dem OP-Saal sowie zwischen dem OP-Saal und dem Überwachungsraum an. Bei den Transportdauern bestehen keine fach- oder patientenspezifischen Unterschiede zwischen der ACH und der HNO, daher werden sie gemeinsam betrachtet. Die Transportdauern folgen einfachen empirischen Verteilungen mit Mittelwerten von ein bis zwei und Maximalwerten von fünf Minuten (vgl. Abbildung 10.9(e), 10.9(f) und 10.9(g)). Aufgrund ihrer geringen Varianz können die Transportdauern auch als Konstante betrachtet werden.

Material richten

Der Materialbereitstellungsprozess, d.h. das Zurechtlegen des Narkosematerials im Vorraum dauert im Mittel etwa fünf Minuten (vgl. Abbildung 10.9(h)). Es umfasst in der ACH und der HNO inhaltlich gleiche Aufgaben, da selbst bei einer Teilnarkose immer auch das Standardmaterial für eine Vollnarkose bereitgelegt wird. Dies stellt eine Sicherheitsmaßnahme dar, falls es bei dem geplanten Eingriff zu Komplikationen kommt, die eine Vollnarkose erfordern.

Basismonitoring

Der Anschluss an das Basismonitoring beinhaltet in der ACH und HNO ebenfalls einheitliche Maßnahmen zur Überwachung der Vitalfunktionen wie EKG und Blutdruck sowie das Anlegen eines intravenösen Zugangs. Nach den Beobachtungen der Feldstudie beträgt die Dauer für das Anlegen des Basismonitorings im Schnitt drei Minuten mit Maximalwerten bis zu zwanzig Minuten (vgl. Abbildung 10.10(a)).

Narkose

Die Dauer einer Vollnarkose umfasst die Zeit von der Verabreichung des Narkotikums bis zur Intubation des Patienten. Bei einer Teil- oder Lokalanästhesie entfällt die Intubation und die Narkosedauer entspricht der Wartezeit bis zur Wirkung des Medikamentes. Die Dauer einer Vollnarkose ist in der ACH und der HNO vergleichbar und liegt im Mittel bei 13-15 Minuten. In beiden Fachbereichen lassen sich die Dauern der Vollnarkosen über eine Gamma-Verteilung approximieren (vgl. Abbildung 10.10(b) und 10.10(c)). Eine Teil- oder Lokalanästhesie kann schneller erfolgen und dauert in der ACH durchschnittlich fünf Minuten (vgl. Abbildung 10.10(d)). In der HNO werden keine Teil- oder Lokalanästhesien durchgeführt, da es sich hier um Eingriffe im Kopfbereich handelt, die immer unter Vollnarkose stattfinden.

Erweitertes Monitoring

Das Anlegen eines erweiterten Monitoring wurde nur im Fachbereich der ACH beobachtet. Es dauert im Schnitt fünf Minuten und kann über eine Normalverteilung approximiert werden (vgl. Abbildung 10.10(e)).

Lagerung

Bei der Lagerung ist in der ACH zwischen einer Standardlagerung durch das Pflegepersonal und einer speziellen Lagerung durch den Operateur zu unterscheiden. Die Standardlagerung in der ACH dauert etwa drei Minuten, eine spezielle Lagerung beansprucht im Mittel 12,6 Minuten. Beide Dauern lassen sich durch eine theoretische Verteilung nähern (vgl. Abbildungen 10.10(f) und 10.10(g)). Die Lagerung in der HNO erfolgt immer durch den Operateur, weist einen Mittelwert von 7,67 Minuten auf und folgt einer empirischen Verteilung (vgl. Abbildung 10.10(h)).

Instrumentenwechsel

Der Instrumentenwechsel betrifft das Aufdecken und Abräumen von OP-Besteck und -Material im OP-Saal. Im Vergleich zur HNO fällt in der ACH ein höherer und heterogenerer Instrumentenbedarf an. Deshalb differieren die Zeiten für das Decken und Abräumen der OP-Instrumente zwischen den beiden Fachbereichen (vgl. Abbildungen 10.11(a) bis 10.11(d)). In der HNO sind die Dauern für das Decken und Abräumen der Instrumente mit etwa vier Minuten wesentlich kürzer als in der ACH mit durchschnittlich zehn Minuten.

Gerätetransport

Die Dauern für den Gerätetransport wurden in den Interviews zur Modellvalidierung abgefragt. Aus den Schätzwerten zur durchschnittlichen, minimalen und maximalen Dauer wurden entsprechende Dreiecksverteilungen („TRIA(MN, MW, MX)") für den Gerätetransport erstellt. Für Großgeräte wie den Mikroskopturm, das Hochfrequenzgerät, das Endoskop, den C-Bogen (Röntgengerät), den NACL-Kocher und das Ultraschallgerät wurden durchschnittliche Transport- und Rüstzeiten von vier bis fünf Minuten angegeben mit Minimalwerten bei eins bis zwei und Maximalwerten bei zehn Minuten (TRIA(0.5,3,10)). Kleinere Geräte wie der Bohrer, Sauger oder das Stirnlicht können in maximal drei Minuten bereitgestellt werden (TRIA(0,1,3)).

Dauer der chirurgischen Maßnahmen

Die Dauer der chirurgischen Maßnahmen umfasst den Zeitraum vom ersten Schnitt bis zum Ende des Eingriffes, inklusive dem Anlegen von Verbänden. In der ACH liegt diese Dauer bei einem Eingriff mit Vollnarkose im Mittel bei 124 Minuten und mit Teilnarkose bei 66 Minuten (vgl. Abbildung 10.11(e) und 10.11(f)). Die Eingriffe in der HNO sind mit durchschnittlich 47 Minuten wesentlich kürzer als in der ACH (vgl. Abbildung 10.11(g)).

Narkoseausleitung

Diese Prozessdauer misst den Zeitraum vom Ende der OP bzw. der Naht bis zum Aufwachen respektive der Extubation des Patienten. Bei Teilnarkosen ist es der Zeitraum bis zum Wiedereintritt der unterdrückten Körperfunktionen.

In der ACH dauert das Aufwachen bei einer Teilnarkose durchschnittlich 13 Minuten und bei einer Vollnarkose etwa 23 Minuten. In der HNO liegt die Ausleitung einer Vollnarkose mit durchschnittlich zehn Minuten wesentlich kürzer als in der ACH (vgl. Abbildungen 10.11(h) ung 10.12(b)).

Saalreinigung

Zwischen jeder Operation und am Ende des Tages findet eine Saalreinigung statt. Da in der HNO weniger invasive Eingriffe stattfinden, ist der Reinigungsbedarf zwischen aufeinanderfolgenden Eingriffen geringer und schwankt weniger als in der ACH (vgl. Abbildung 10.12(c) und 10.12(d)). Am Ende des Tages erfolgt in allen Sälen eine einheitliche Grundreinigung, die mit etwa 38 Minuten im Schnitt wesentlich länger dauert als eine Zwischenreinigung (vgl. Abbildung 10.12(e)).

Überwachung

Patienten, die nach dem Eingriff einer OP-nahen Überwachung bedürfen, werden im Aufwachraum beobachtet. Diese Überwachungsdauern sind in der ACH und der HNO mit durchschnittlich jeweils 85 Minuten gleich lang. Jedoch weist die HNO eine geringere Streuung auf (vgl. Abbildung 10.12(f) und 10.12(g)).

Abholung von Station

Die Abholung eines Patienten aus dem Aufwachraum wird von der Anästhesiepflege veranlasst. Die Dauer der Abholung wird gemessen als die Zeit zwischen der Verständigung der Stationspflege bis zur Abholung des Patienten. Diese Dauer liegt bei etwa 20 Minuten (vgl. Abbildung 10.12(h)).

10.2.3   Verzweigungswahrscheinlichkeiten

	ACH	HNO
Vollnarkose	83,60%	100,00%
Teilnarkose	16,40%	0,00%
Standardmonitoring	62,00%	100,00%
Erweitertes Monitoring	38,00%	0,00%
Standardlagerung	73,00%	0,00%
Spezielle Lagerung	27,00%	100,00%
Transportbedarf	35,20%	48,50%
OP-nahe Überwachung	75,00%	100,00%
Direkte Rückverlegung	25,00%	0,00%

Tabelle 10.1: Verzweigungswahrscheinlichkeiten

Im Folgenden werden die möglichen Verzweigungen eines OP-Ablaufes mit den zugehörigen Verzweigungswahrscheinlichkeiten aufgeführt und kurz beschrieben. Tabelle 10.1 gibt hierzu nocheinmal einen zusammenfassenden Überblick.

Narkoseart

In der ACH erhalten 16,4% der Patienten eine Teil- bzw. Lokalnarkose, 83,6% werden unter Vollnarkose operiert. In der HNO werden alle Eingriffe (100%) unter Vollnarkose vorgenommen.

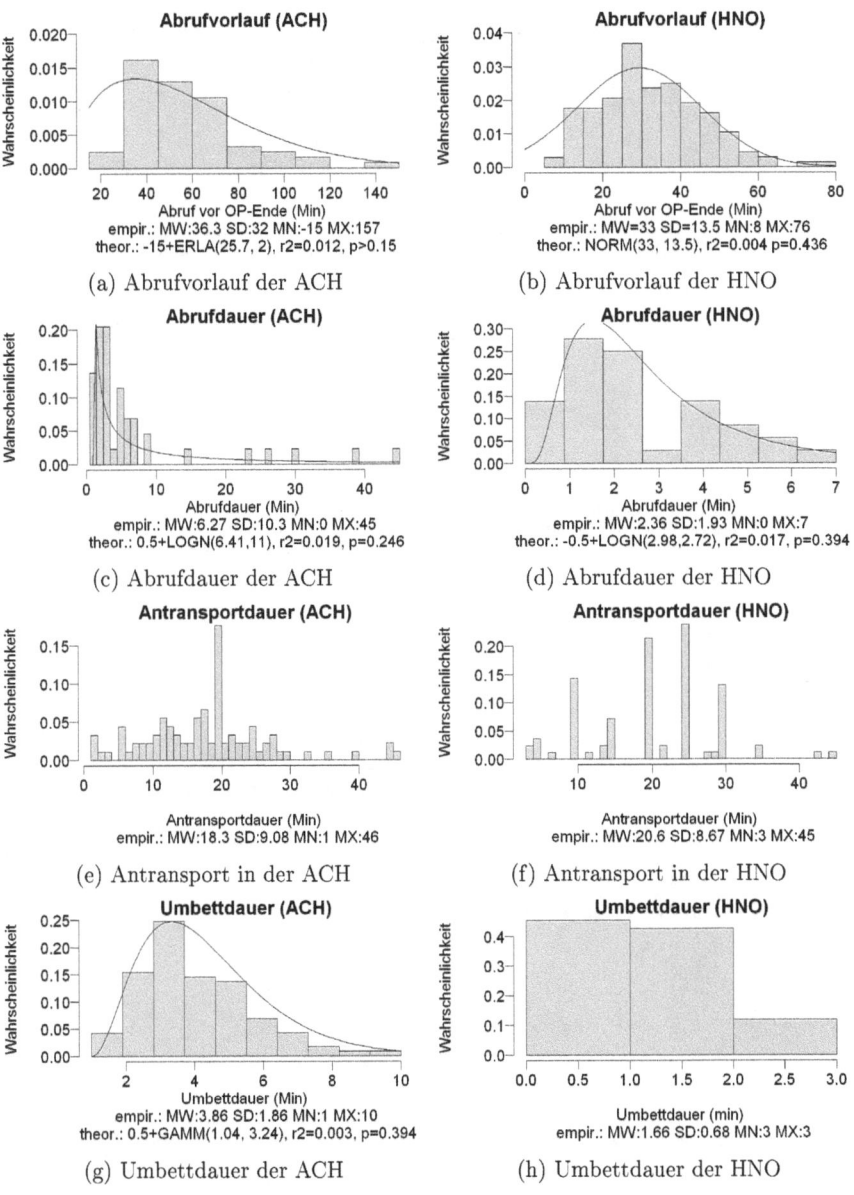

(a) Abrufvorlauf der ACH

(b) Abrufvorlauf der HNO

(c) Abrufdauer der ACH

(d) Abrufdauer der HNO

(e) Antransport in der ACH

(f) Antransport in der HNO

(g) Umbettdauer der ACH

(h) Umbettdauer der HNO

Abbildung 10.8: Prozessdauern I

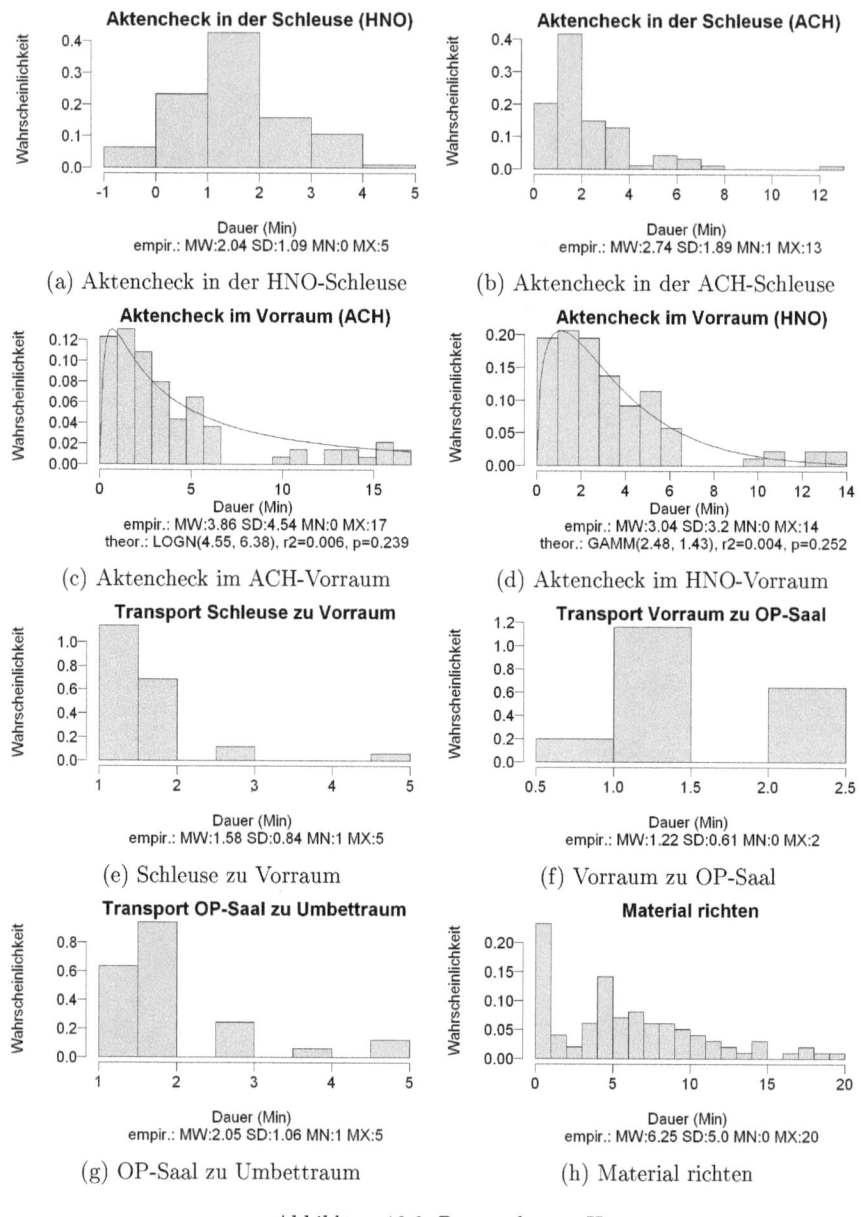

(a) Aktencheck in der HNO-Schleuse   (b) Aktencheck in der ACH-Schleuse

(c) Aktencheck im ACH-Vorraum   (d) Aktencheck im HNO-Vorraum

(e) Schleuse zu Vorraum   (f) Vorraum zu OP-Saal

(g) OP-Saal zu Umbettraum   (h) Material richten

Abbildung 10.9: Prozessdauern II

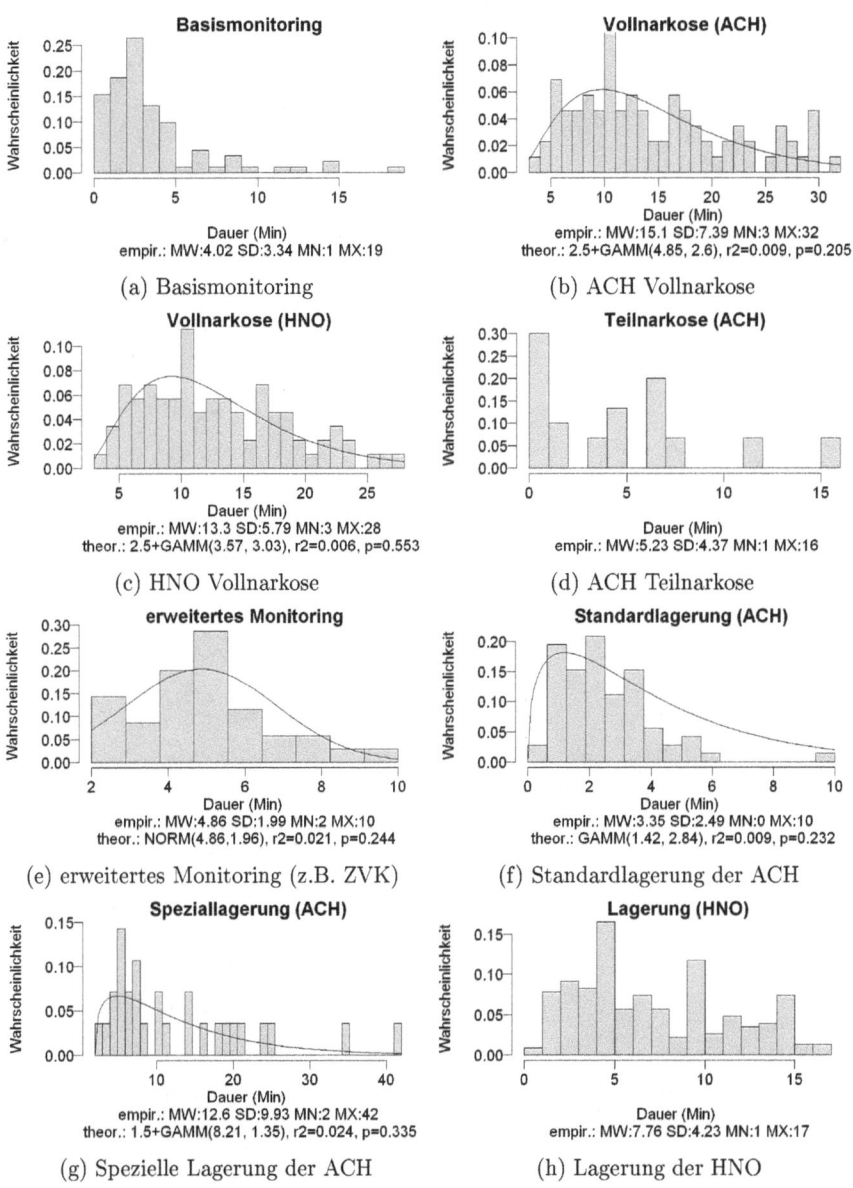

(a) Basismonitoring

(b) ACH Vollnarkose

(c) HNO Vollnarkose

(d) ACH Teilnarkose

(e) erweitertes Monitoring (z.B. ZVK)

(f) Standardlagerung der ACH

(g) Spezielle Lagerung der ACH

(h) Lagerung der HNO

Abbildung 10.10: Prozessdauern III

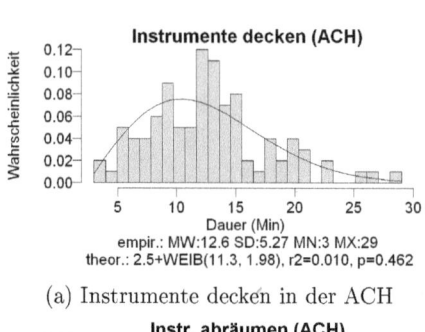

empir.: MW:12.6 SD:5.27 MN:3 MX:29
theor.: 2.5+WEIB(11.3, 1.98), r2=0.010, p=0.462

(a) Instrumente decken in der ACH

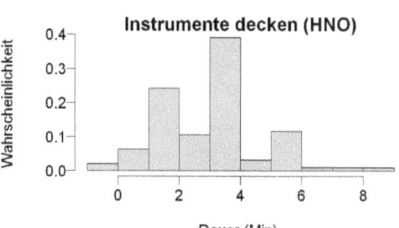

empir.: MW:3.53 SD:1.67 MN:0 MX:9

(b) Instrumente decken in der HNO

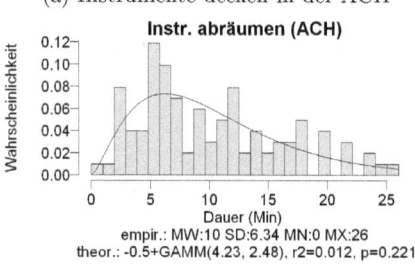

empir.: MW:10 SD:6.34 MN:0 MX:26
theor.: -0.5+GAMM(4.23, 2.48), r2=0.012, p=0.221

(c) Instrumente abräumen in der ACH

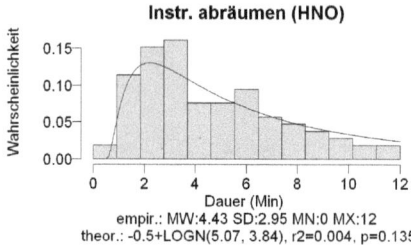

empir.: MW:4.43 SD:2.95 MN:0 MX:12
theor.: -0.5+LOGN(5.07, 3.84), r2=0.004, p=0.135

(d) Instrumente abräumen in der HNO

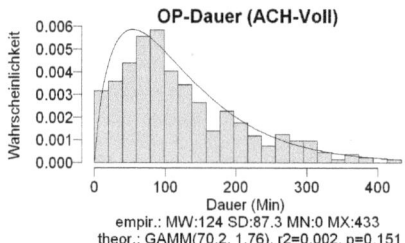

empir.: MW:124 SD:87.3 MN:0 MX:433
theor.: GAMM(70.2, 1.76), r2=0.002, p=0.151

(e) ACH-OP-Dauer mit Vollnarkose

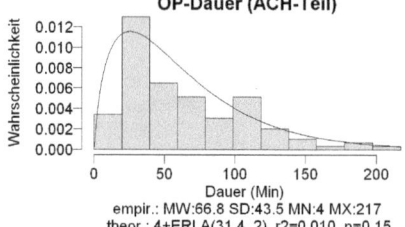

empir.: MW:66.8 SD:43.5 MN:4 MX:217
theor.: 4+ERLA(31.4, 2), r2=0.010, p=0.15

(f) ACH-OP-Dauer mit Teilnarkose

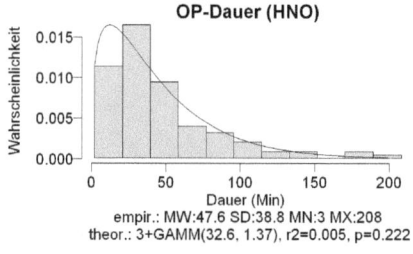

empir.: MW:47.6 SD:38.8 MN:3 MX:208
theor.: 3+GAMM(32.6, 1.37), r2=0.005, p=0.222

(g) HNO-OP-Dauer.

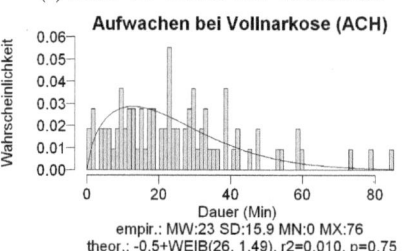

empir.: MW:23 SD:15.9 MN:0 MX:76
theor.: -0.5+WEIB(26, 1.49), r2=0.010, p=0.75

(h) ACH Aufwachdauer mit Vollnarkose

Abbildung 10.11: Prozessdauern IV

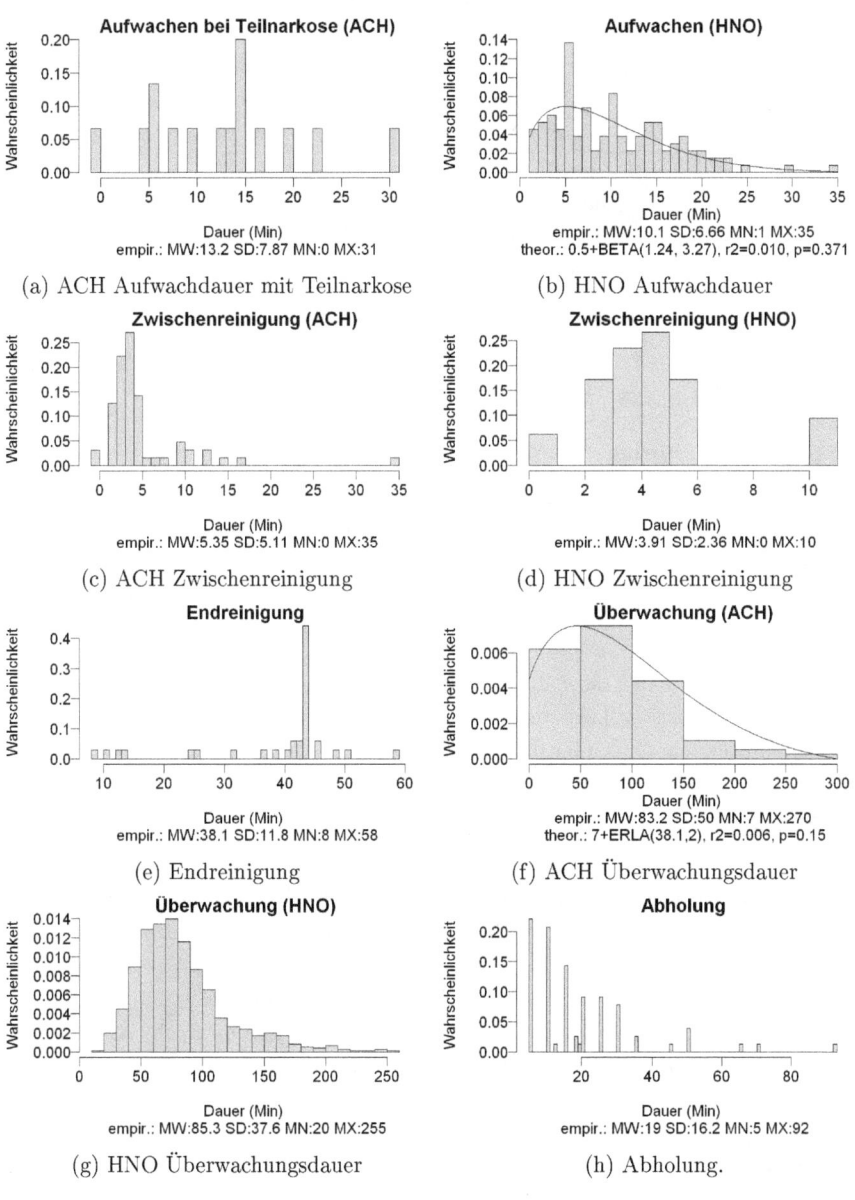

Abbildung 10.12: Prozessdauern V

	ACH	HNO	Gesamt
Hochfrequenz-Chirurgiegerät	34%	24%	28%
NACL-Kocher	19%	0%	6%
Ultraschall	10%	0%	3%
Röntgen-Bogen	9%	0%	3%
Endoskop	4%	7%	6%
Sauger	0%	42%	28%
Lichtquelle	0%	29%	19%
Mikroskop	0%	9%	6%
Bohrer	0%	2%	1%

Tabelle 10.2: Spezialgerätebedarf

Erweitertes Monitoring

Ein erweitertes Monitoring wurde in der ACH in 38% der Fälle angelegt, in 62% waren diese Maßnahmen nicht notwendig. In der HNO trat die Notwendigkeit für ein erweitertes Monitoring nicht auf.

Lagerung

In der ACH findet in 73% der Fälle eine Standardlagerung durch das OP-Personal statt, in 27% wird eine spezielle Lagerung vom Operateur vorgenommen. In der HNO wird die Lagerung immer vom Operateur durchgeführt.

Gerätetransport

Wenn spezielle Geräte mobil vorgehalten werden, ist bei Bedarf ein Antransport aus dem Gerätepool notwendig. In der ACH benötigen 35,2% der Eingriffe ein oder mehrere Spezialgeräte und in der HNO 48,5%. In der ACH betrifft der Gerätetransport fünf Typen von Spezialgeräten und in der HNO sind es sechs unterschiedliche Spezialgeräte. Die Nutzungswahrscheinlichkeiten der einzelnen Geräte sind in Tabelle 10.2 aufgelistet. Die Wahrscheinlichkeiten sind je Fachbereich dargestellt. Zudem gibt die Spalte „Gesamt" den Anteil der Patienten mit entsprechendem Gerätebedarf an, wenn eine Zusammenlegung der ACH und der HNO stattfindet.

Aufwachraum

Nach der Operation findet in der ACH in 75% der Fälle eine OP-nahe Überwachung im Aufwachraum statt, in 25% erfolgt eine direkte Rückverlegung in eine periphere-, Betten- oder Intensivstation. In der HNO erfolgt immer eine Überwachung im Aufwachraum.

10.2.4 Zusammenfassung

Die Prozesscharakteristika zeigen typische rechtsschiefe Verteilungsmuster mit Ausläufern bei längeren Behandlungsdauern. Diese resultieren vor allem aus patientenspezifischen Faktoren, die in einzelnen Fällen zu Schwierigkeiten oder Komplikationen bei der Durchführung einer Aktivität führen. In der Literatur werden medizinische Aufenthalts- und chirurgische Behandlungsdauern entsprechend als lognormal verteilt angesehen (Lowery 1996; Strum et al. 2000; Zhou und Franklin 1998).

Darüber hinaus ist zu berücksichtigen, dass die hier vorgestellten Zeiten aus einem Universitätsklinikum der Maximalversorgung mit Lehrauftrag stammen. Personal, das eingelernt wird, steht noch am Anfang der Lernkurve, was bei einzelnen Arbeitsschritten ebenfalls zu längeren Zeitdauern führen kann. Entsprechend zeigen sich in der beobachteten Feldstudie die klassischen lognormal Verteilungen selten. Stattdessen liegen häufiger Verteilungen mit einer breiteren Streuung vor. In Abschnitt 17.8 im Anhang ist das Gesamtmodell mit seinen Parametern noch einmal zusammenfassend dargestellt.

10.3 Modellvalidierung

Bevor mit dem hier entwickelten OP-Referenzmodell eine aussagekräftige Effizienzanalyse durchgeführt werden kann, ist dieses Modell auf seine Validität zu überprüfen. Es gilt nicht nur die quantitativen Annahmen zu bestätigen, sondern vor allem die qualitative Modellstruktur, die im Vergleich zum Stand der Forschung einen wesentlich höheren Detaillierungsgrad aufweist.

Die Überprüfung der Korrektheit des erstellten OP-Prozessmodells beinhaltet die Aspekte der Modellverifikation und -validierung (Pegden et al. 1995, S. 129). Die Verifikation bezieht sich auf eine korrekte Überführung des Modells in eine Simulationssoftware, sodass sich das Modell wie vorgesehen und wie in der Realität beobachtet verhält (Kelton et al. 2004, S. 520). Dabei geht es um die Suche und Behebung von Umsetzungsfehlern wie Initialisierungsfehler, Fehler im Kontrollfluss oder Blockierungen etc. (Pegden et al. 1995, S. 141-147).

Aufgabe der Validierung ist es - über die Fehlerfreiheit hinaus - zu prüfen, ob das Modell die Realität adäquat abbildet. Dies betrifft die Konfidenz, d.h. den Vertrauensgrad, mit dem Rückschlüsse aus dem Modell auf das abgebildete Realwelt-System übertragen werden können, und somit die Glaubwürdigkeit des Modells für den Endnutzer (Pegden et al. 1995, S. 129, 147).

Ein glaubwürdiges Modell muss ein begründbares oder realistisches Verhalten aufweisen, ähnlich dem Realwelt-System. Dies kann anhand folgender Eigenschaften überprüft werden (Pegden et al. 1995, S. 149):

- Kontinuität: kleine Änderungen in den Input-Parametern sollten kleine, aber adäquate Änderungen in den Output-Parametern erzeugen.

- Konsistenz: Wesentlich gleiche Testläufe sollten wesentlich gleiche Ergebnisse erzielen (z.b. keine wesentlichen Unterschiede aus einer veränderten „random number seed").

- Degeneration: Wenn Elemente oder Teile des Modells entfernt werden, sollten die Ergebnisse das widerspiegeln.

- Absurde Bedingungen: Absurde Bedingungen sollten nicht zu absurden, d.h. unlogischen Ergebnissen führen (z.b. unendliches Werbebudget führt zu unendlichem Absatz).

Zur Verifikation und Validierung des OP-Prozessmodells sind verschiedene Szenarien mit Variationen in den Modell- bzw. Simulationseinstellungen zu testen. Um die geforderten Eigenschaften zu untersuchen, werden zum einen die quantitativen Prozesscharakteristika, und zum anderen die Ressourcenausstattung variiert.

10.3.1   Variation quantitativer Prozesscharakteristika zur Überprüfung der Kontinuität und Konsistenz

Die quantitativen Prozesseigenschaften beinhalten patientenbezogene Inputdaten, die Informationen über die zu behandelnden Patienten enthalten. Dazu gehören Prozesseigenschaften wie z.b. die Art der Narkose oder die Dauer des Eingriffs.

Für diese patientenbezogenen Inputdaten werden zwei verschiedene Datensätze zum Patientenaufkommen verwendet, zum einen die Beobachtungen der zehntägigen Feldstudie und zum anderen die Daten eines dreimonatigen Zeitraums aus dem Kliniksystem. Zudem werden die Prozesseigenschaften für jeden Patienten zunächst mit den individuell beobachteten Werten aus der Feldstudie abgebildet. Anschließend werden sie zufällig über stochastische Verteilungen generiert.

Bei der Erstellung dieser Inputdaten ist vorab zu überprüfen, ob zwischen einzelnen Patienteneigenschaften prozessrelevante Abhängigkeiten bestehen. Insbesondere Korrelationen von Hauptaktivitäten der Behandlung wie z.b. die Eingriffsdauer, mit den Patienteneigenschaften sind zu berücksichtigen. Für den Übergang von individuell beobachteten Zeiten hin zu einer stochastischen Belegung dieser Werte ist es daher notwendig zu untersuchen, inwieweit die Prozessdauern unabhängig voneinander und unabhängig von patientenspezifischen Faktoren initialisiert werden können.

Analyse prozessrelevanter Korrelationen

Die Eingriffsdauer wird auf Abhängigkeit von der Art der Narkose, dem Bedarf an Spezialgeräten und der Dringlichkeit der Behandlung (Notfall oder geplanter Eingriff) unter-

	(1)	(2)	(3)	(4)	(5)	(6)
(1) Geräte-	1,000					
bedarf	1,000					
(2)	-0,095*	1,000				
Priorität	-0,013	1,000				
(3) OP-	0,006	-0,033	1,000			
Dauer	0,075**	0,004	1,000			
(4) Narkose-	-0,013	0,174**	0,249**	1,000		
art	0,006	0,010	0,017	1,000		
(5)	-0,010	-0,052	-0,003	-0,082(*)	1,000	
Geschlecht	0,040**	0,000	-0,046**	0,012	1,000	
(6)	0,051	-0,062	-0,146**	-0,016	-0,051	1,000
Alter	0,134**	-0,015	0,189**	-0,001	-0,078**	1,000
obere Werte ACH (N=721), untere Werte HNO (N=1093)						
* signifikant zum 0,05-Niveau (2-seitig)						
** signifikant zum 0,01-Niveau (2-seitig)						

Tabelle 10.3: Prozessrelevante Korrelationen (nach Pearson)

sucht. Zudem werden das Alter und das Geschlecht als mögliche Einflussfaktoren betrachtet. Falls Zusammenhänge zwischen diesen Patienteneigenschaften und der Eingriffsdauer bestehen, können sie nicht separat voneinander initialisiert werden.

Um potentielle Abhängigkeiten zwischen einzelnen Eigenschaften festzustellen, werden Korrelationsanalysen durchgeführt. Ein Zusammenhang wird berücksichtigt, wenn er signifikant (p<=0,05) und zumindest als schwache Korrelation (k>0,2) erkennbar ist. Tabelle 10.3 gibt die Korrelationsanalyse des Patientengutes der untersuchten ACH- und HNO-Abteilung wieder.

Demnach treten im Patientengut der HNO-Chirurgie keine Korrelationen auf, die zu berücksichtigen sind (vgl. Tabelle 10.3). Im Patientengut der Allgemeinchirurgie hingegen liegt eine schwache Korrelation (k=0,249 mit p=0,01) zwischen der OP-Dauer und der Narkoseart vor (vgl. Tabelle 10.3). Diese Korrelation soll beim Übergang zu stochastischen Verteilungen erhalten bleiben. Für die OP-Dauer werden daher zwei verschiedene Verteilungen (einmal für Patienten mit Vollnarkose und einmal für Patienten mit Teil- bzw. Lokalanästhesie) verwendet.

Insgesamt lässt sich das Patientengut, d.h. die patientenbezogenen Inputdaten, in der ACH wie folgt beschreiben: Der OP-Plan enthält täglich zwischen 8-16 Patienten (Mittelwert „MW" 10,7 ± 1,7), davon sind 8,4% Notfälle. 35,2% der Patienten haben Bedarf an Spezialgeräten und 16,4% erhalten eine Teil- bzw. Lokalanästhesie statt einer Vollnarkose. Die OP-Dauer liegt für Patienten mit Teilnarkose im Mittel bei 63,98 ± 44,10 Minuten

(Min 4, Max 216) und damit niedriger als bei Patienten mit Vollnarkose, deren OP-Dauer im Mittel bei 111,87 ± 86,9 Minuten (Min 4, Max 433) liegen.

In der HNO enthält der OP-Plan täglich zwischen 9 bis 21 Patienten (MW 12,9 ± 2,4), davon sind nur 0,7% Notfälle. 48,5% der Patienten haben Bedarf an Spezialgeräten und alle erhalten eine Vollnarkose. Die OP-Dauer liegt im Mittel bei 47,8 ± 37,7 Minuten (Min 3, Max 208).

Aufbauend auf diesen Eigenschaften des Patientengutes können nun die quantitativen Prozesseigenschaften variiert werden und alternative, patientenbezogene Inputdaten erstellt werden.

Alternativen in den Inputdaten

Für die Validierung der Kontinuität und der Konsistenz werden vier verschiedene Inputdaten für Patientendaten verwendet. Diese gehen in einem ersten Schritt von individuell beobachteten Behandlungsabläufen und Aktivitätsdauern zu stochastischen Verzweigungen und Dauern über. In einem zweiten Schritt wird der zweiwöchige Beobachtungszeitraum auf eine Spanne von drei Monaten verlängert. Die Inputdaten beinhalten jeweils die Anzahl der täglich zu behandelnden Patienten, deren Eigenschaften in Bezug auf den Behandlungsablauf sowie die Dauern einzelner Aktivitäten. Aus diesen Inputdaten sind Informationen über den Behandlungsablauf ersichtlich, z.B. ob es sich um einen Notfall handelt, wann dieser eintrifft, ob eine Teil- oder Vollnarkose durchgeführt wird, ob eine Standard- oder eine spezielle Lagerung notwendig ist, ob Spezialgerätebedarf besteht und ob ein erweitertes Monitoring angeschlossen werden muss. Zudem werden die Dauern für den Antransport, die Narkose, das erweiterte Monitoring, die Lagerung, den OP-Eingriff, den Vorlauf des Folgeabrufs, das Aufwachen, die Überwachung und die Abholung als patientengebundene Zeiten mitgeführt. Die Struktur der Inputdaten ist in Tabelle 10.4 dargestellt.

- Set 1: **individuell, 2 Wochen** enthält 102 Patienten der ACH, die in den zehn Tagen der Fallstudie beobachtet wurden, mit jeweils individuellen Angaben zur Priorität eines Patienten, der Art der Narkose, der Lagerung, des Monitorings und der Rückverlegung sowie die real beobachteten Zeitdauern (vgl. Tabelle 10.4).

- Set 2: **stochastisch, 2 Wochen** enthält ebenfalls 102 ACH-Patienten der zehntägigen Fallstudie, jedoch werden bei den Zeitdauern nur noch die Narkose- und die OP-Dauer als individuelle, real beobachtete Zeiten mitgeführt (vgl. Tabelle 10.4). Alle anderen Zeiten werden zufällig, wie in Abschnitt 10.2 beschrieben, mit empirischen bzw. theoretischen Verteilungen erzeugt.

- Set 3: **3 Monate, ACH** enthält Daten zu 725 Patienten über einen Zeitraum von 81 Tagen (ca. 3 Monaten) aus dem Kliniksystem der ACH. Da diese Standarddokumen-

Attribut	Ausprägung	Set 1	Set 2	Set 3	Set 4
PatientenID	fortlaufende Nummer	x	x	x	x
Gerätebedarf	OPS-Schlüssel	x	x	x	x
Fachbereich	ACH / HNO	x	x	x	x
Priorität	Notfall / Elektiv	x	x	x	x
Narkoseart	Voll- / Teil- narkose	x	x	x	x
erweitertes Monitoring	Ja / Nein	x	x		
Lagerungsart	spezielle Lagerung Standardlagerung	x	x		
Notfallankunft	Minutenangabe	x			
Antransportdauer	Minutenangabe	x			
Narkosedauer	Minutenangabe	x	x		
erweitertes Monitoring	Minutenangabe	x			
Lagerungsdauer	Minutenangabe	x			
OP-Dauer	Minutenangabe	x	x	x	x
Abrufvorlauf	Minutenangabe	x			
Aufwachdauer	Minutenangabe	x			
Überwachungsdauer	Minutenangabe	x			
Abholdauer	Minutenangabe	x			

x = individuell beobachteter Wert
leer = Initialisierung über stochastische Verteilungen

Tabelle 10.4: Struktur der Inputdaten

tation keine Auskunft über die Art der Lagerung und Rückverlegung etc. gibt, wird das Routing zufällig nach den in der Fallstudie beobachteten Wahrscheinlichkeiten durchgeführt (vgl. Tabelle 10.4). Diese Daten geben ein größeres, repräsentativeres Patientenspektrum wieder und es soll getestet werden, ob das Modell auch dieses korrekt wiedergibt.

- Set 4: **3 Monate, HNO** ist analog zu Set 3 aufgebaut (vgl. Tabelle 10.4). Es betrachtet jedoch HNO- statt ACH-Patienten. Set 4 umfasst einen Zeitraum von 81 Tagen mit 1093 Patienten und enthält die beobachteten Verteilungen für die einzelnen Aktivitätsdauern (vgl. Abschnitt 10.2). Die Eingriffsdauern entsprechen den Systemdaten aus dem Fachbereich der HNO.

10.3.2 Variation der Ressourcenausstattung zum Test der Modelldegeneration und absurden Bedingung

Die Ressourcenausstattung in der Simulation wird über die Kapazitäts- und Personalausstattung des OP-Bereichs sowie deren Einsatzplanung spezifiziert. Die Anzahl der in der ACH und HNO vorgehaltenen Räume, die Anzahl des bereitgestellten Personals und die Bereitstellungszeit der Ressourcen kann aus Tabelle 10.5 entnommen werden. Die Chirurgen sind als „Kunden" des OP-Bereiches nicht im Rahmen der OP-Organisation bereitzustellen. Daher werden sie als externer Faktor gesehen und in ausreichender Anzahl zur Verfügung gestellt. Für diese Gruppe wird eine „Ankunftsverteilung" (vgl. Abschnitt 10.2.1) berücksichtigt.

Die Bereitstellungszeit der Ressourcen und des Personals richtet sich nach den täglichen OP-Betriebszeiten. Der tägliche OP-Beginn ist um 8 Uhr, die Regellaufzeit beträgt 8 Stunden. Der morgendliche Abruf beginnt 30 Minuten vor OP-Beginn. Ab dem geplanten OP-Ende um 16 Uhr werden keine Patienten mehr abgerufen. Laufende Behandlungen werden natürlich noch abgeschlossen.

Bezogen auf die Ressourcenausstattung variieren die Validierungsszenarien im Umfang des bereitgestellten Personals und im Personalbedarf. Eine Modelldegeneration wird durchgeführt, indem die Kapazität der OP-Pflegekräfte reduziert und so der Engpass im Bereich der OP-Pflege sukzessive erhöht wird (vgl. Tabelle 10.5). Als absurde Bedingung wird der Fall unbegrenzter Personalressourcen getestet.

- Variante A: Die **IST-Situation** geht davon aus, dass ein OP-Springer jeweils zwei OP-Säle bedienen kann und stellt insgesamt acht OP-Pflegekräfte in der ACH und fünf in der HNO zur Verfügung. Diese setzen sich zusammen aus je einem Instrumenteur pro OP-Saal, einem OP-Springer für zwei OP-Säle und je zwei OP-Pflegekräften für die Schleuse.

- Variante B: Die **Degeneration Stufe 1** geht davon aus, dass ein OP-Springer

RESSOURCE	WERT (ACH|HNO)	A	B	C	D
OP-Säle	4|2				
Spezialgeräte	je 2 | je 2				
Vorbereitungsräume	4|2				
Schleuse	1|1				
Aufwachraumplätze	10|10				
Anästhesisten	5|3				beliebig
Anästhesiepfleger	7|5				beliebig
Chirurgen	–				
OP-Pfleger	8|5	8|5	8|5	7|4	beliebig
Reinigungskräfte	1|1				beliebig
OP-Beginn	8 Uhr				
OP-Laufzeit	8 Std				
Abruf morgens	7:30 Uhr				
spätester Abruf	16:00 Uhr				
Springerbedarf je OP-Saal	0.5	0.5	1	1	1

A = IST-Situation

B = Degeneration Stufe 1

C = Degeneration Stufe 2

D = absurde Bedingung

Tabelle 10.5: Ressourcenausstattung der Validierungszenarios

jeweils nur einen OP-Saal bedienen kann. Die Zahl bereitgestellter OP-Pflegekräfte beleibt unverändert.

- Variante C: Die **Degeneration Stufe 2** geht ebenfalls davon aus, dass ein OP-Springer jeweils nur einen OP-Saal bedienen kann. Zusätzlich wird hier die Zahl bereitgestellter OP-Pflegekräfte um eins, d.h. auf sieben in der ACH und auf vier in der HNO reduziert. (Hier erfolgt nur eine geringfügige Änderung der Personalvorhaltung um festzustellen, ob das Modellverhalten auch geringfügige Änderungen adäquat widerspiegelt.)

- Variante D: Die **absurde Bedingung** geht ebenfalls davon aus, dass ein OP-Springer jeweils nur einen OP-Saal bedienen kann. In diesem Szenario werden nun alle Ressourcenengpässe aufgehoben und es wird beliebig viel Personal bereit gestellt. Mit dieser Variante soll das Modell unter absurder Bedingung getestet werden.

10.3.3   Ergebnisse der Validierung

Die Validierung erfolgt anhand der Patientendurchlaufzeit, dem täglichen OP-Schluss und anhand des Patientendurchsatzes, d.h. der Anzahl der insgesamt behandelten Patienten.

Die Patientendurchlaufzeit zeigt an, ob der Prozessablauf einer einzelnen Patientenbehandlung adäquat abgebildet ist und der OP-Schluss, ob innerhalb des gesamten OP-Bereiches die gemeinsame Ressourcennutzung, der OP-Wechsel und parallele Prozesse wie das überlappende Einleiten adäquat abgebildet sind.

Insgesamt werden zwölf Simulationsszenarien zur Validierung getestet. Die Ergebnisse der Simulationsläufe werden mit den real beobachteten Werten verglichen, wie in Tabelle 10.6 dargestellt.

Für die Sets 1 bis 3 schwanken die in der ACH real beobachteten und die in der Simulation gemessenen Durchlaufzeiten um Mittelwerte von knapp fünf Stunden (vgl. DLZ bei 1A bis 3D in Tabelle 10.6). Auch in der HNO liefert die Simulation realistische Durchlaufzeiten (vgl. DLZ bei 4A bis 4D in Tabelle 10.6), die mit nur knapp drei Stunden jedoch kürzer als in der ACH ausfallen.

Der OP-Schluss (gemessen an der Endreinigung eines OP-Saals) liegt für die Sets 1 und 2 bei ca. 16:00-16:30 Uhr (vgl. OP-Schluss 1A bis 2D in Tabelle 10.6). Das Set 3 welches ein repräsentativeres Patientenspektrum über drei Monate beinhaltet, liegt regelmäßig unter 16:00 Uhr (vgl. OP-Schluss 3A bis 3D in Tabelle 10.6). Die HNO weist einen durchschnittlichen OP-Schluss um 16:00 auf (vgl. OP-Schluss 4A bis 4D in Tabelle 10.6). In beiden Fachbereichen sind diese Zeiten aus der Simulation vergleichbar mit dem real beobachteten OP-Schluss, der etwas unter 16:00 Uhr liegt (vgl. OP-Schluss Real ACH und Real HNO in Tabelle 10.6).

Insgesamt zeigt das Modell Kontinuität und Konsistenz. Der Übergang von individuellen Aktivitätsdauern zu empirischen bzw. theoretischen Verteilungen (von Set 1 zu 2) sowie der Übergang zu einem repräsentativeren Patientenspektrum (Sets 3-4) führen zu realitätsnahen Durchlaufzeiten und OP-Enden. Dies bestätigt die Modellkontinuität- und -konsistenz.

Die Modelldegeneration, d.h. die Erhöhung des Personalengpasses (Degeneration in Variante B und C), spiegelt sich in längeren Durchlaufzeiten und späteren OP-Enden wider. Darüber hinaus führt das Modell für die absurde Bedingung beliebiger Personalressourcen (Variante D) ebenfalls zu realistischen Ergebnissen. Dies bestätigt ein adäquates Modellverhalten, sowohl bei partieller Modelldegeneration als auch unter absurden Bedingungen.

Im zweiten Schritt ist nun die Konfidenz, d.h. der Vertrauensgrad des Modells, zu untersuchen. Dazu werden Signifikanztests für die Differenzen der Mittelwerte zwischen den real beobachteten Werten und den Simulationswerten durchgeführt. Dies erfolgt über die Berechnung von 95% Konfidenzintervallen für die Differenz zwischen den Ergebnissen aus der Simulation und der Realität (vgl. Tabelle 10.7). Beinhaltet ein Intervall den Nullwert,

	Anzahl Patienten	DLZ MW +- SD (Stunden)	OP-Schluss MW +- SD (Uhrzeit)
Real ACH	102	4,93 +- 2,30	16,53 +- 2,33
1A	102	4,86 +- 2,03	16,09 +- 2,27
1B	102	4,88 +- 2,03	16,14 +- 2,28
1C	102	5,01 +- 2,06	16,47 +- 2,36
1D	102	4,85 +- 2,02	15,74 +- 2,29
2A	102	4,81 +- 1,81	16,19 +- 2,20
2B	102	4,82 +- 1,83	16,29 +- 2,21
2C	102	5,02 +- 1,92	16,63 +- 2,39
2D	102	4,90 +- 1,76	16,52 +- 2,17
Real ACH	728	4,85 +- 1,99	15,56 +- 3,09
3A	728	4,85 +- 1,92	15,45 +- 2,42
3B	728	4,83 +- 1,85	15,47 +- 2,42
3C	728	5,02 +- 1,94	15,81 +- 2,40
3D	728	4,84 +- 1,93	15,50 +- 2,36
Real HNO	1093	3,51 +- 1,35	15,99 +- 1,39
4A	1093	3,60 +- 0,95	16,13 +- 1,47
4B	1093	3,61 +- 0,95	16,05 +- 1,47
4C	1093	3,62 +- 0,96	16,18 +- 1,53
4D	1093	3,51 +- 0,91	15,93 +- 1,46

1 = individuell/2 Wochen, 2 = stochastisch/2 Wochen

3 = 3 Monate/ACH, 4 = 3 Monate/HNO

A = IST-Situation, B = Degeneration Stufe 1

C = Degeneration Stufe 2, D = absurde Bedingung

Tabelle 10.6: Ergebnisse der Simulation im Vergleich zu den real beobachteten Werten

	2 Wochen individuell	2 Wochen stochastisch	3 Monate ACH	3 Monate HNO
DLZ				
IST	[-0.61; 0.63]	[-1.51; 1.42]	[-0.20; 0.20]	[-0.20; 0.18]
Degeneration 1	[-0.58; 0.63]	[-1.28; 1.21]	[-0.17; 0.22]	[-0.21; 0.01]
Degeneration 2	[-0.58; 0.89]	[-1.39; 1.77]	[-0.37; 0.04]	[-0.23; 0.00]
Absurd	[-0.64; 0.64]	[-1.42; 1.51]	[-0.19; 0.21]	[-0.11; 0.10]
OP-Ende				
IST	[-0.39; 1.59]	[-0.46; 1.48]	[-0.44; 0.56]	[-0.47; 0.21]
Degeneration 1	[-0.43; 1;54]	[-0.56; 1.39]	[-0.35; 0.54]	[-0.40; 0.28]
Degeneration 2	[-0.78; 1.24]	[-0.94; 1.09]	[-0.70; 0.19]	[-0.54; 0.16]
Absurd	[-0.03; 1.95]	[-0.80; 1.16]	[0.38; 0.50]	[-0.28; 0.40]

Tabelle 10.7: Konfidenzintervalle für die Patientendurchlaufzeiten (DLZ) und die täglichen OP-Enden

dann besteht (zu einem 5% Signifikanzniveau) kein signifikanter Unterschied zwischen den in der Realität und den in der Simulation beobachteten Werten.

In allen getesteten Situationen enthält dieses Konfidenzintervall den Nullwert (vgl. Tabelle 10.7). Entsprechend kann angenommen werden, dass das Simulationsmodell die Realität adäquat abbildet. Darüber hinaus erlaubt die Lage des Nullwerts im Konfidenzintervall eine Betrachtung fließender Übergänge. Je zentraler die Position des Nullwertes, desto höher ist die Übereinstimmung beider Ergebnisse.

Tabelle 10.7 gibt die entsprechenden 95%-Konfidenzintervalle dieser Differenzen an. Die Spaltenbezeichnungen geben die Varianten in den quantitativen Prozesscharakteristika und die Zeilen die Varianten in der Ressourcenausstattung wieder.

Für die Sets „2 Wochen, individuell bzw. stochastisch" (Spalten 1 und 2) waren aus der Feldstudie die tatsächliche Reihenfolge der Patienten und die Saalzuordnung aus dem OP-Plan bekannt. Daher konnten die Konfidenzintervalle der Differenzen paarweise berechnet werden („pairwise"). Die Sets „3 Monate ACH bzw. HNO" (Spalten 3 und 4) enthalten die Patientendaten aus dem Kliniksystem. Hier sind die Reihenfolge und OP-Saalzuordnung nicht bekannt, daher wurden die Konfidenzintervalle nicht paarweise berechnet, sondern als zwei unabhängige Stichproben („two-sample").

Die Konfidenzintervalle zu den Spalten „2 Wochen, individuell bzw. stochastisch" (Spalten 1 und 2) schließen in allen Varianten den Nullwert ein, d.h. es besteht kein signifikanter Unterschied zwischen den Ergebnissen der Simulation und den real beobachteten Werten. Die Simulation bildet diese mit einem ausreichenden Vertrauensgrad ab. Ebenso liegen auch die Szenarien mit dem längeren Beobachtungszeitraum („3 Monate ACH / HNO") im 95% Vertrauensbereich. Somit kann das Modell für die ACH als hinreichend valide betrachtet werden, sodass daraus Rückschlüsse auf die Realität möglich sind. Lediglich für die Patientendurchlaufzeit im Fall „3 Monate HNO - Degeneration 2", mit einem hohen Personalengpass liegt der Nullwert am rechten Rande des Konifenzintervalls. Dies resultiert aus den vorgenommenen Änderungen in der Simulation, die das Modell und damit korrekterweise auch die Simulationsergebnisse von der Realität entfernen.

Zudem fällt auch in der ACH (Spalten 1 bis 3) auf, dass sich der Nullwert bei Erhöhung des Personalengpasses an den Intervallrand verschiebt. Dies bestätigt, dass die reale Situation besser durch eine höhere Personalbereitstellung abgebildet wird.

10.4 Validierung der Modellierungstiefe

Zu Beginn der Arbeit wurde Forschungsbedarf zu verfeinerten OP-Prozessmodellen postuliert. Für Fragestellungen der OP-Organisationsgestaltung wurde auf Verzerrungen durch die Verwendung einfacher, stark abstrahierender Modelle verwiesen. Daher soll an dieser Stelle neben der Validität des verfeinerten Modells auch die Frage untersucht werden, inwieweit eine feinere Modellierungstiefe zweckmäßig ist und den zusätzlichen Aufwand in der Modellerstellung und Simulation rechtfertigt.

Zu diesem Zweck wird das im Bezugsrahmen vorgestellte, detaillierte Modell am Beispiel der ACH einem einfachen, groben Phasenmodell gegenübergestellt. Das einfache Modell untergliedert den OP-Prozess nur in die vier Teilprozesse der Einschleusung, Einleitung, des Eingriffs und der Überwachung (vgl. Abbildung 10.1). Die Zeitdauern für diese Teilprozesse sowie der angepasste Abrufvorlauf berechnen sich wie folgt:

- Einschleusen: Zeit vom Abruf des Patienten bis zur Ankunft im Vorraum

- Einleiten: Zeit, die sich der Patienten im Vorraum befindet

- Eingriff: Zeit, die sich der Patient im OP-Saal befindet

- Abrufvorlauf: Zeit zwischen dem Folgeabruf und dem Abtransport des aktuellen Patienten aus dem OP-Saal

- Überwachung: Zeit vom Abtransport aus dem OP-Saal bis zur Abholung von Station

Die Datengrundlage für die Berechnungen bildet wiederum die in der ACH durchgeführte Feldstudie. Wie im Forschungsbedarf in Abschnitt 1 bereits allgemein dargestellt, schließt die Berechnung der Prozessdauern in diesem einfachen Modell auch Wartezeiten ein. Im Gegensatz dazu werden in dem detaillierten Modell nur die reinen Aktivitätszeiten übernommen und die Wartezeiten innerhalb der Teilprozesse ergeben sich aus dem Ablauf der Simulation.

Beispielhaft wird in Tabelle 10.8 der Anteil der Wartezeit im Teilprozess der „Einleitung" dargestellt. Er ergibt sich aus der Differenz der Summe der Einzelaktivitäten und

	ACH (MW)
Aktencheck	3.86
+ Monitoring	4.02
+ Narkose	12.58
+ erweitertes Monitoring	4.86
= Summe der Einzelprozesse	25.32
- Teilprozess Einleitung	33.68
= **Differenz, Wartezeit**	**8.36**

Tabelle 10.8: Wartezeitenanteile im Teilprozess der Einleitung

	normierte OP-Laufzeit		
	einfach	detailliert	signifikante Differenz
ACH überlappend	0.985	0.970	(-0.01, 0.04)	NEIN
ACH sequentiell	1.057	1.022	(0.01, 0.06)	JA
	Durchlaufzeit (Stunden)		
ACH überlappend	4.986	4.875	(-0.08, 0.30)	NEIN
ACH sequentiell	5.383	4.993	(0.19, 0.58)	JA

Tabelle 10.9: Vergleich des einfachen und des verfeinerten OP-Modells

der Zeitdauer der gesamten Einleitungsphase (d.h. der Aufenthaltsdauer im Vorraum). Demnach beträgt der Wartezeitanteil im Vorraum in der Ausgangssituation (d.h. bei überlappendem Einleiten) durchschnittlich etwa acht Minuten.

In einem detaillierten Modell durchläuft die Simulation nach Ankunft des Anästhesisten im Vorraum nur noch die Einzelaktivitäten der Einleitung. Im Gegensatz dazu muss bei einem einfachen Modell der gesamte Teilprozess durchlaufen werden, welcher zusätzlich Wartezeiten aus der Ausgangssituation enthält.

Das einfache und das detaillierte Modell werden nun jeweils mit und ohne überlappendes Einleiten getestet. Für ein überlappendes Einleiten wird - wie zuvor in den Validierungsszenarien - ein Anästhesist mehr bereit gestellt, als OP-Säle vorhanden sind. Entsprechend stehen bei einem OP-Betrieb mit überlappendem Einleiten fünf Anästhesisten zur Verfügung. Ohne überlappendes Einleiten sind nur genau so viele Anästhesisten wie OP-Säle vorhanden, d.h. vier Stück. Tabelle 10.9 zeigt die Ergebnisse der zugehörigen Tests bei der Patientendurchlaufzeit (DLZ) und der normierten OP-Laufzeit pro Tag. Dabei entspricht eine OP-Laufzeit von „1" einem acht-Stundenbetrieb.

In der Ausgangssituation, d.h. mit überlappendem Einleiten, lässt sich kein Unterschied zwischen dem einfachen und dem detaillierten Modell feststellen. Weder die Durchlaufzeiten noch die OP-Laufzeiten weichen signifikant voneinander ab. Reduziert man nun die Zahl der Anästhesisten von fünf auf vier, zeigen sich jedoch signifikante Unterschiede. Sowohl die OP-Laufzeiten als auch die Durchlaufzeiten werden in einem einfachen Phasenmodell wesentlich schlechter bewertet als bei einer detaillierten Betrachtung.

Betrachtet man zudem die Ergebnisse in der Ausgangssituation (d.h. bei überlappendem OP-Betrieb) genauer, fällt auf, dass auch hier die Durchlauf- und OP-Laufzeiten des einfachen Modells leicht über denen des detaillierten Modells liegen. Dies erklärt sich daraus, dass auch hier der Verzerrungseffekt durch die Modellierungstiefe schon auftritt. Jedoch fällt er hier noch nicht signifikant aus, sondern verschiebt den Nullwert nur an den Rand des Konfidenzintervalles.

Nach diesen Ergebnissen sollte für den Zweck der OP-Organisationsgestaltung statt den stark abstrahierenden Phasenmodellen eine höhere Modellierungstiefe der OP-Prozesse gewählt werden. Für die Zwecke der Ist-Analyse könnte in diesem Beispiel zwar auch ein einfaches Modell verwendet werden, bei der Variation von Gestaltungsgrößen können sich jedoch signifikante Verzerrungen ergeben. Insbesondere bei komplexen Wechselwirkungen, wie sie im OP-Betrieb auftreten, kann im Voraus kaum abgeschätzt werden, welche Parameter diese Verzerrungen auslösen und wie stark diese ausfallen. Zudem besteht durch die gestiegene Leistungsfähigkeit von Simulationswerkzeugen in der OP-Gestaltung die Möglichkeit neue Ansätze wie die Simulationsoptimierung einzusetzen (Denton et al. 2006; Fu et al. 2005), welche multiple Parameter variieren. Dabei können Rückschlüsse auf die Vorteilhaftigkeit verschiedener Gestaltungsoptionen verfälscht werden oder einzelne Varianten werden fälschlicher Weise ausgeschlossen, wenn ihre Ergebnisse durch eine zu grobe Modellierung die gesetzten Minimalanforderungen oder Nebenbedingungen nicht erfüllen.

10.5 Zusammenfassung der Modellbildung

Bei der Modellierung der OP-Abläufe wurden die qualitativen und die quantitativen Prozesseigenschaften berücksichtigt, welche sowohl Ablaufstrukturen als auch stochastische Prozesseigenschaften beinhalten. Bestehende OP-Prozessmodelle wurden ergänzt und es wurde ein OP-Referenzmodell mit einer höheren Modellierungstiefe entworfen. Dieses Modell wurde im Rahmen von Expertengesprächen und in einer simulativen Validierung auf Vollständigkeit, Richtigkeit und Konfidenz geprüft. Die simulative Validierung zeigte eine adäquate Validität und einen 95% Vertrauensgrad des Modells. Zudem zeigte sich, dass die bisher verwendeten einfachen Phasenmodelle zu Verzerrungen in der Bewertung alternativer Gestaltungsoptionen führen. Für die Zwecke der OP-Organisationsgestaltung empfiehlt sich daher der Übergang zu einer höheren Modellierungstiefe.

An dieser Stelle sei jedoch darauf hingewiesen, dass das Modell nicht als allgemeingültiges Prognoseverfahren (Lowery 1996) zu verstehen ist. Vielmehr ist es wichtig, sich der Aussagemöglichkeiten des Modells bewusst zu sein. Die Simulationsergebnisse sind vor der Übertragung auf die Realität kritisch zu bewerten und im Kontext des ursprünglichen Modellierungszweckes zu betrachten.

In diesem Zusammenhang ist zu beachten, dass das vorgestellte Modell primäre Wertschöpfungsprozesse entlang der Patientenbehandlung fokussiert. Daher bezieht es sich auf patientengebundene Prozesse sowie auf Aktivitäten, die der Vor- oder Nachbereitung einer Behandlung dienen und ihr somit direkt zugeordnet werden können. Rückschlüsse aus diesem Modell dürfen daher nur in Bezug auf Abläufe der primären Wertschöpfung gezogen werden.

Für eine Betrachtung der Auslastung der Anästhesiepflege, die zusätzlich umfangreiche patientenungebundene Aufgaben übernimmt (z.B. logistische Aufgaben im Rahmen der Materialversorgung) darf dieses Modell *nicht* herangezogen werden. Es gibt nur den Teil der Aufgaben und Arbeitszeit wieder, in dem die Anästhesiepflege mit der direkten Patientenbehandlung betraut ist. Es mag zur Diskussion gestellt werden, ob die Auslastung dieses medizinisch geschulten Personals ein akzeptables Verhältnis zwischen primären und sekundären Wertschöpfungsaktivitäten aufweist und ob ggf. eine Aufgabenumverteilung vorgenommen werden kann. Die Aussage der Reduzierbarkeit dieser Personalgruppe aufgrund einer geringen Auslastung in diesem Modell wäre dementsprechend ein unzulässiger Rückschluss.

Teil IV

Effizienzanalyse zur Ressourcenmobilität und Organisationszentralisierung

Kapitel 11

Spezifikation der Simulationsszenarien

Die Spezifikation der Simulationsszenarien legt offen, welche Annahmen für die im Bezugsrahmen vorgegebenen aufbau- und ablauforganisatorischen Gestaltungsparameter (vgl. Kapitel 9) in dieser Simulationsstudie getroffen werden. Die Simulationsstudie zielt darauf ab, die Wirkung grundlegender Gestaltungsoptionen zu untersuchen. Sie evaluiert neben der Prozesseffizienz (Patientendurchsatz) und der Ressourceneffizienz (OP-Laufzeiten) auch den Bedarf der Ressourcenvorhaltung sowie die Anpassungseffizienz an ein verändertes Patientenaufkommen. Daher variieren die Simulationsszenarien

- in grundlegenden, aufbauorganisatorischen Gestaltungsoptionen,

- im Umfang der Ressourcenvorhaltung und

- im Patientenmix.

11.1 Varianten in grundlegenden, aufbauorganisatorischen Gestaltungsoptionen

Die Varianten in den grundlegenden Gestaltungsoptionen betreffen folgende aufbauorganisatorische Gestaltungsparameter:

- den Zentralisierungsgrad der OP-Organisation und

- den Grad der Ressourcenmobilität.

Sie spezifizieren vier grundlegende Gestaltungsoptionen, welche die Basisszenarien der Simulationsstudie darstellen (vgl. Abbildung 11.1). Die Optionen *fd* und *fz* sind gekennzeichnet durch eine geringe Ressourcenmobilität mit fix installierten OP-Sälen bei einer dezentralen bzw. einer zentralen OP-Organisation. Option *md* betrachtet mit mobilen Spezialgeräten eine höhere Ressourcenmobilität und Option *mz* geht zudem von einer dezentralen zu einer zentralen OP-Organisation über.

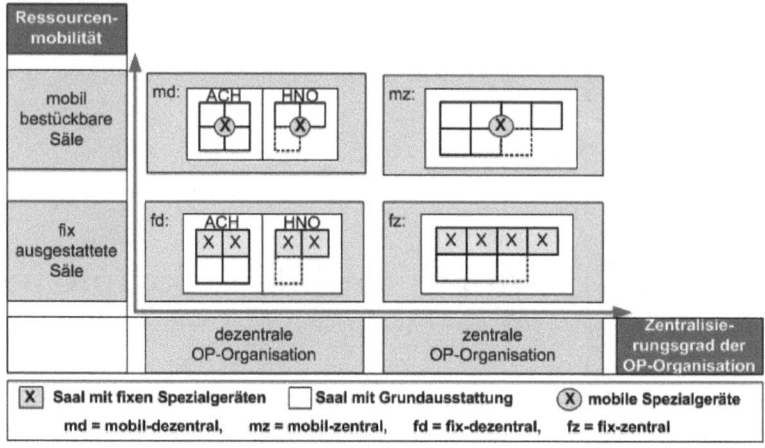

Abbildung 11.1: Basisszenarien grundlegender Gestaltungsoptionen

11.1.1 Zentralisierungsgrad der OP-Organisation

Ein niedriger Zentralisierungsgrad in der OP-Organisation wird über eine dezentrale, d.h. getrennte Administration und Koordination der Fachbereiche ACH und HNO abgebildet. Ein hoher Zentralisierungsgrad in der OP-Organisation liegt vor, wenn eine zentrale, d.h. gemeinsame Organisation der beiden Fachbereiche stattfindet.

Bei einer dezentralen Organisation erfolgt kein Austausch freier Ressourcen, wie freie OP-Säle, OP-Personal oder OP-Geräte. Eine zentrale Organisation hingegen erlaubt eine gemeinsame Belegung freier OP-Säle und je nach räumlicher Nähe auch einen Austausch von Personal und mobilen Geräten. In dieser Simulationsstudie wird von räumlich angrenzenden OP-Bereichen ausgegangen, sodass eine gemeinsame Nutzung von OP-Sälen, Personal und mobilen Geräten in vollem Umfang stattfinden kann.

11.1.2 Grad der Ressourcenmobilität

Neben dem Zentralisierungsgrad der OP-Organisation werden zwei Alternativen im Grad der Ressourcenmobilität betrachtet. Eine geringe Ressourcenmobilität liegt vor, wenn die OP-Säle eine fix installierte Ausstattung besitzen. Nur OP-Säle, die mit entsprechendem Spezialgerät versehen sind, können für Patienten mit dediziertem Bedarf verwendet werden. OP-Säle die lediglich über eine Grundausstattung verfügen, sind nur für Patienten ohne speziellen Gerätebedarf geeignet. Eine hohe Mobilität der vorgehaltenen Ressourcen kann durch den Einsatz mobiler Geräte erreicht werden. In diesem Fall verfügen die OP-Säle über eine einheitliche Grundausstattung, wie fixe OP-Tische, eine Deckenbeleuchtung und Standardgeräte (z.B. Anästhesiegerät) (Denz et al. 2008). Spezialgeräte für Patienten mit besonderem Gerätebedarf werden mobil in einem gemeinsamen Gerätepool vorgehalten. Somit können alle Säle nach Bedarf mit mobilen Spezialgeräten bestückt werden.

11.2 Varianten in der Ressourcenvorhaltung

Die Ressourcenvorhaltung eines OP-Bereiches wird durch die ablauforganisatorischen Gestaltungsparameter

- Räume,

- Personal und

- Spezialgeräte

determiniert.

11.2.1 Räume

Es wird ein klassisches OP-Layout zugrunde gelegt, wie in Abschnitt 9.2.2 beschrieben. Je OP-Bereich stehen eine Schleuse, sechs bzw. sieben OP-Säle und Vorräume sowie ein Aufwachraum zur Verfügung. Der Hauptaufwand für die Ressourcenvorhaltung wird dabei durch die Anzahl der OP-Säle bestimmt (Weiss et al. 2002). Sie bilden die Investitionen für die zugehörigen Räume und deren Grundausstattung ab sowie den Aufwand für die Bereitstellung der OP-Teams (Anästhesisten, Springer, Instrumenteure und Operateure) je OP-Saal. Da eine alternative Gestaltung der OP-Organisation auch Rückwirkungen auf den Kapazitäts- und Ressourcenbedarf haben kann (vgl. (Sibbel 2004, S. 83)), wird die Ressourcenvorhaltung anhand der Anzahl bereitgestellter OP-Säle variiert. Jedes der vier Basisszenarien wird für sechs oder sieben OP-Säle betrachtet. Bei getrennten Fachbereichen stehen der ACH jeweils vier Säle zur Verfügung und der HNO zwei bzw. drei Säle. Mit den beiden Variationen in der Anzahl OP-Säle ergeben sich aus den vier Basisszenarien (4x2) acht Szenarien in der Raumvorhaltung.

11.2.2 Personal

Die Personalvorhaltung ist so ausgelegt, dass ein überlappendes Einleiten möglich ist. Entsprechend steht je OP-Saal ein OP-Team (bestehend aus einem Anästhesisten, einem Anästhesie-Pfleger und zwei OP-Pflegern) bereit. Zusätzlich verfügt jeder OP-Bereich über zwei Schleusenpfleger, zwei Aufwachraumpfleger sowie einen Anästhesisten und eine Anästhesiepflege als anästhesiologisches Überlappungspersonal.

Die Simulationsszenarien unterschieden sich daher nicht nur in der Anzahl der vorgehaltenen OP-Säle. Je nach Ausgestaltung der grundlegenden Gestaltungsparameter ergeben sich Differenzen in der notwendigen Personalvorhaltung. Eine zentrale oder dezentrale Organisation der OP-Bereiche determiniert u.a., ob das Überlappungspersonal der Anästhesie für mehrere Disziplinen gemeinsam eingesetzt werden kann oder ob es je Fachbereich separat, d.h. doppelt bereit gestellt werden muss.

11.2.3 Spezialgeräte

Analog zur Personalvorhaltung variiert auch der Umfang der notwendigen Spezialgeräte je nach Ausgestaltung der grundlegenden Gestaltungsparameter. Für eine geringe Ressourcenmobilität wird angenommen, dass in jedem OP-Saal mit einer fix installierten Ausstattung alle Spezialgeräte vorgehalten werden müssen. In der ACH umfasst eine fixe Saalausrüstung jeweils fünf und in der HNO sechs Typen von Spezialgeräten (vgl. Abschnitt 10.2.3). In jedem Fachbereich stehen jeweils zwei OP-Säle mit Spezialausrüstung zur Verfügung. Insgesamt sind bei einer fixen OP-Ausstattung also (2x5 + 2x6 =) 22 Spezialgeräte vorzuhalten.

Bei einer mobilen Ausstattung hingegen besteht ein gemeinsamer Gerätepool, wodurch selten verwendete Geräte in geringerer Anzahl vorgehalten werden können. Entsprechend werden in der Simulation Geräte, die in höchstens zehn Prozent der Eingriffe benötigt werden, nur einfach vorgehalten. In der ACH können dadurch ein Endoskop, ein C-Bogen und ein Ultraschallgerät und in der HNO ein Endoskop, ein Mikroskop und ein Bohrer eingespart werden (vgl. Tabelle 10.2 in Abschnitt 10.2.3). So sind insgesamt nur 16 Spezialgeräte vorzuhalten. Werden die Fachbereiche der ACH und der HNO zudem zentral koordiniert, kann das Endoskop gemeinsam genutzt werden und es sind insgesamt nur 15 Geräte im Gerätepool vorzuhalten.

Zusammenfassend lassen sich die acht verschiedenen Szenarien nach ihrem Aufwand für Personal-, Geräte- und Raumvorhaltung ordnen. Die Anzahl der OP-Säle determiniert den Hauptaufwand der Ressourcenvorhaltung. Daher sind Varianten mit sieben OP-Sälen immer aufwändiger als mit sechs OP-Sälen. Darüber hinaus wird eine redundante Bereitstellung von gemeinsamem OP-Personal aufwändiger gewertet als die redundante Vorhaltung von Geräten - insbesondere, da sich der Anschaffungsaufwand für Geräte über mehrere Jahre (Nutzungsdauer c.a. 20 Jahre (Weiss et al. 2002)) verteilt. Demnach lassen sich die betrachteten Szenarien, wie in Tabelle 11.1 dargestellt, nach dem Aufwand für die Ressourcenvorhaltung ordnen.

Option	Anzahl OPs	Überlappungs- personal	Spezial- geräte	Rang
mz	6	1-fach	15	1
fz	6	1-fach	22	2
md	6	2-fach	16	3
fd	6	2-fach	22	4
mz	7	1-fach	15	5
fz	7	1-fach	22	6
md	7	2-fach	16	7
fd	7	2-fach	22	8

mz=mobil-zentral, fz=fix-zentral, md=mobil-dezentral, fd=fix-dezentral

Tabelle 11.1: Rangliste für die Ressourcenvorhaltung nach absteigendem Bereitstellungs- aufwand

11.3 Varianten im Patientenportfolio

Um die Anpassungseffizienz der einzelnen Gestaltungsoptionen evaluieren zu können, werden zwei Szenarien mit unterschiedlichem Patientenportfolio betrachtet. Sie unterscheiden sich in der Anzahl der täglich einzuplanenden Patienten, d.h. im Umfang des Tagesprogramms und in der Zusammensetzung des Patientenaufkommens. Es werden zwei Varianten unterschieden: der aktuelle Patientenmix und ein veränderter Patientenmix mit steigendem Patientenaufkommen.

Der **aktuelle Patientenmix** beschreibt die Ist-Situation und enthält die für die ACH und die HNO in der Feldstudie beobachteten Patientenzahlen, wie in Abschnitt 10.3.1 beschrieben.

Der **veränderte Patientenmix** geht (in Anlehnung an Offermanns und Müller (2004)) von einer heterogenen Entwicklung der Fachbereiche aus, mit einem stärkeren Patientenzuwachs in der HNO. Bei einer konsequenten Nutzung der Möglichkeiten des ambulanten Operierens prognostiziert eine Studie des Deutschen Krankenhausinstituts (Offermanns und Müller 2004) in der stationären Behandlung nur eine moderate Steigerung von 0,7%, bei ambulanten Operationen ist eine Steigerungsrate von 77% zu erwarten. Eine entsprechende Entwicklung ist innerhalb von sechs Jahren möglich und als mittel- bis langfristig anzusehen.

Bei den hier betrachteten Fachbereichen wird die HNO als geeignet angesehen, eine Ausweitung ambulanter Eingriffe durchzuführen. Die ACH hingegen wird primär für stationäre Eingriffe eingeplant. Demach wird für die ACH eine moderate Steigerung des Patientenaufkommens um 0,7%, d.h. von etwa 3910 Fällen pro Jahr (10,71 Fälle pro Tag) auf 3945 Fälle pro Jahr (10,80 Fälle pro Tag) angesetzt. Für die HNO hingegen eine Steigerung um 77% von 4700 Fällen pro Jahr (12,88 Fälle pro Tag) auf 8307 Fälle pro Jahr

(22,75 Fälle pro Tag). Zusammen ergibt sich für die ACH und die HNO eine Fallzahlsteigerung von 8610 Fällen pro Jahr (23,59 Fälle pro Tag) auf 12252 Fälle pro Jahr (33,57 Fälle pro Tag), was insgesamt einer Steigerung um 42,29% entspricht.

11.4 Zusammenfassung

11.4.1 Szenariobeschreibung

Nach den im Bezugsrahmen (vgl. Abschnitt 9) identifizierten Gestaltungsparametern der OP-Organisation, lassen sich die Annahmen für die Simulationsstudie wie folgt zusammenfassen:

Variable Parameter

- Zentralisierungsgrad: dezentrale vs. zentrale Organisation

- Ressourcenmobilität: fixe vs. mobile OP-Ausstattung

- Räume: klassisches OP-Layout mit sechs vs. sieben OP-Sälen

- Personal: ein OP-Team je OP-Saal, einfache oder doppelte Besetzung mit Überlappungspersonal je nach Zentralisierungsgrad

- Spezialgeräte: 22, 16 oder 15 Geräte je nach Zentralisierungsgrad und Ressourcenmobilität

- OP-Planung (Teil I) - Umfang des Tagesprogramms: aktueller Patientenmix vs veränderter Patientenmix

Gestaltungsparameter, die über alle Szenarien hinweg unverändert bleiben sind:

Konstante Parameter

- OP-Laufzeiten: geplante OP-Betriebszeiten von 8:00-16:00 Uhr

- Personaleinsatzplanung: Acht-Stunden-Schichten

- OP-Planung (Teil II) - Reihenfolgeplanung: FirstComeFirstServed-Regel (FCFS) mit erhöhter Priorität für Notfälle

- Patienteneinbestellung: per Abruf aus dem OP-Saal

- Letzter Abruf: zum geplanten OP-Schluss um 16:00 Uhr (ggf. verbleibende Eingriffe werden auf den nächsten Tag verschoben)

11.4.2 Simulationstool und -einstellungen

Die Simulationsstudie wird mit dem Simulationstool ARENA 7.0 von Rockwell Software durchgeführt (Kelton et al. 2004). Um stabile Simulationsergebnisse zu erzielen, ist ein ausreichend langer Simulationszeitraum anzusetzen, wobei ein stationärer Mittelwert theoretisch erst nach einer unendlichen Laufzeit erreicht wird (Kelton et al. 2004). In praktischen Fragestellungen wird die Laufdauer bzw. die notwendige Anzahl Wiederholungen daher grob abgeschätzt (Wiendahl und Hegenscheidt 2003). Für die vorliegende Untersuchung wurde eine Simulationsdauer von 1000 Tagen gewählt. Die Laufdauer wurde dabei solange erhöht, bis die Simulationsergebnisse auf der zweiten Nachkommastelle stabil blieben.

Als Zielgrößen werden die tägliche OP-Betriebszeit und der wöchentliche Patientendurchsatz gemessen. Das Spezialgerätemanagement wird in der Simulation über zwei Warteschlangen (für Patienten mit und ohne Spezialgerätebedarf) umgesetzt. Dies ermöglicht einen Ressourcenabgleich, sodass ein Abruf abhängig von der Verfügbarkeit entsprechender Spezialgeräte stattfinden kann. In beiden Fällen werden elektive Patienten nach einer FCFS-Regel behandelt, was ein realitätsnahes Vorgehen darstellt (Marcon und Dexter 2007; Kwak et al. 1976). Die Patienten werden entsprechend der Reihe nach, so wie sie ankommen, eingeplant. Notfälle werden im OP-Betrieb aufgrund der höheren Priorität und Dringlichkeit jedoch vorgezogen.

Insgesamt werden 16 Simulationsszenarien betrachtet. Sie ergeben sich aus vier Varianten in den grundlegenden Gestaltungsoptionen, zwei Varianten in der Ressourcenvorhaltung und zwei Varianten im Patientenmix. Die einzelnen Szenarien sind in Abbildung 11.2(a) noch einmal zusammengefasst dargestellt.

Die Systematik zur Benennung der einzelnen Testszenarien ist in Abbildung 11.2(b) dargestellt. Die Kürzel sind Erweiterungen in Anlehnung an die Grundoptionen aus Abbildung 11.1 und geben zusätzlich Informationen über die Anzahl verwendeter OP-Säle sowie das Patientenportfolio eines Szenarios. Diese Bezeichnungen erlauben bei der Ergebnisanalyse eine eindeutige Unterscheidung der Testläufe.

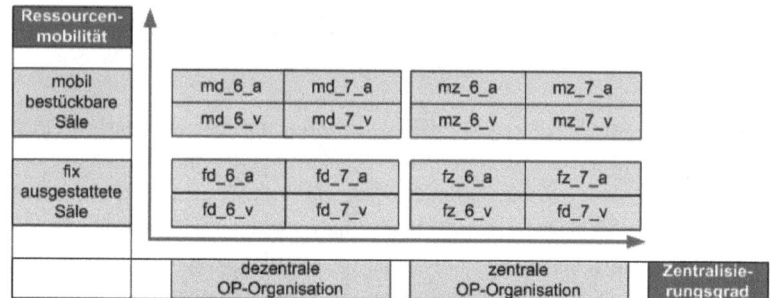

(a) Überblick der Simulationsszenarien

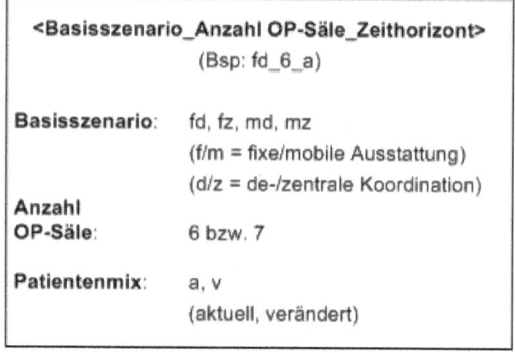

(b) Bezeichnung der Testszenarien

Abbildung 11.2: Beschreibung der Simulationsszenarien

Kapitel 12

Ergebnisse der Simulationsszenarien

Die Ergebnisse der einzelnen Szenarien zur Anzahl der wöchentlich behandelten Patienten und der tatsächlichen OP-Laufzeit sind im weiteren Verlauf der Arbeit anhand von Boxplots (Frigge et al. 1989; Williamson et al. 1989) dargestellt.

Boxplots sind die grafische Darstellung einer Fünf-Punkte-Zusammenfassung von Verteilungen. Sie enthalten Informationen zum Median, den Quartilen und den Extremwerten einer Verteilung (vgl. Abbildung 12.1). Der Korpus der Box wird durch das untere bzw. obere Quartil (auch erstes und drittes Quartil genannt) vorgegeben. Vom Minimum bis zum unteren (ersten) Quartil liegen 25% der Daten und bis zum oberen (dritten) Quartil sind es 75%. Der Teilstrich in der Mitte einer Box kennzeichnet den Median der Verteilung. Zwischen dem Median und den Extremwerten liegen jeweils 50% der Daten einer Verteilung. Über die Lage des Median innerhalb der Box ist erkennbar, ob es sich um eine symmetrische oder stärker asymmetrische Verteilung handelt (vgl. Abbildung 12.2).

Die Einschnürungen um den Median bilden den zugehörigen 95% Vertrauensbereich ab. Diese Einschnürungen erlauben einen visuellen Vergleich der Ergebnisse aus zwei oder mehr Simulationsszenarien. Überlappen sich die Einschnürungen der Boxen, liegen keine signifikanten Unterschiede zwischen den Ergebnissen der zugrundeliegenden Szenarien vor. Andernfalls kann davon ausgegangen werden, dass Unterschiede aus den verschiedenen Szenarien signifikant sind und nicht aus zufälligen Schwankungen resultieren.

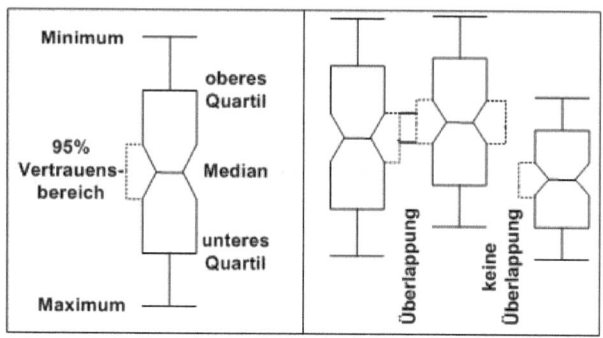

Abbildung 12.1: Darstellung mit Boxplots

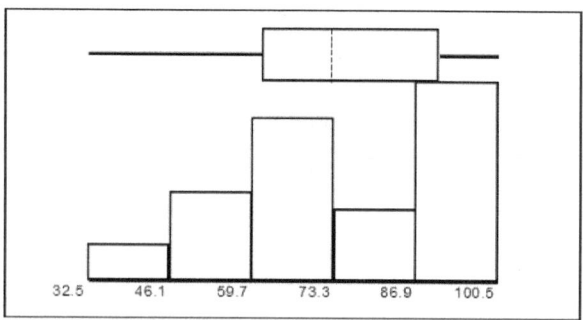

Abbildung 12.2: Beispiel eines Boxplots als Fünf-Punkte-Zusammenfassung

12.1 Option fd:

fixe Ausstattung - dezentrale Organisation

12.1.1 Kurzbeschreibung

Option *fd* betrachtet die ACH und die HNO als zwei dezentrale, getrennte OP-Bereiche mit sechs bzw. sieben OP-Sälen, von denen vier in der ACH und zwei bzw. drei in der HNO angesiedelt sind (vgl. Abbildung 12.3). Die OP-Ausstattung inklusive der Spezialgeräte ist fix installiert. In jedem Fachbereich sind zwei OP-Säle mit allen notwendigen Spezialgeräten ausgerüstet. Die restlichen OP-Säle verfügen nur über eine Grundausstattung.

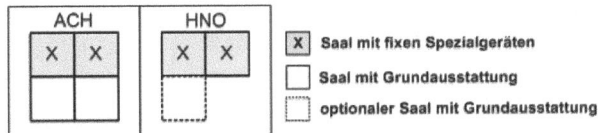

Abbildung 12.3: Darstellung der Option *fd*

12.1.2 Ergebnisse

Die Ergebnisse zur Prozess-, Ressourcen- und Anpassungseffizienz sind in Abbildung 12.4 dargestellt. Die beiden linken Boxplots *fd_6_a* und *fd_6_v* zeigen jeweils die Resultate bei sechs OP-Sälen und die beiden rechten *fd_7_a* und *fd_7_v* die Ergebnisse bei sieben OP-Sälen. Detaillierte Angaben können dem Anhang 17.8 entnommen werden.

Die **Prozesseffizienz** wird an der Anzahl tatsächlich behandelter Patienten pro Woche gemessen (vgl. Abbildung 12.4(a)). Es zeigt sich, dass das aktuell anfallende Patientenaufkommen von etwa 119 Patienten pro Woche jeweils mit sechs oder sieben OP-Sälen abgearbeitet werden kann. Zudem ergibt sich sowohl mit sechs als auch mit sieben OP-Sälen ein erhöhter Patientendurchsatz bei einem veränderten Patientenmix. Bei einem steigenden Patientenaufkommen erreicht die Variante mit sechs OP-Sälen *fd_6_v* jedoch nur einen Durchsatz von 131 Patienten. Im Gegensatz dazu kann mit der Variante mit sieben OP-Sälen *fd_7_v* das gesamte wöchentlich anfallende Patientenaufkommen von etwa 166 Patienten abgearbeitet werden.

Die Ergebnisse zur **Ressourceneffizienz**, gemessen an der täglichen OP-Laufzeit, sind in Abbildung 12.4(b) dargestellt. Mit steigendem Patientenaufkommen steigt auch die tägliche OP-Laufzeit. Während die Varianten mit sechs OP-Sälen tägliche OP-Laufzeiten von etwa 98 bis 108% erreichen, weisen die Varianten mit sieben OP-Sälen tägliche Betriebszeiten von 82 bis 108% auf (vgl. auch Tabelle 17.1 im Anhang). Wie zu erwarten,

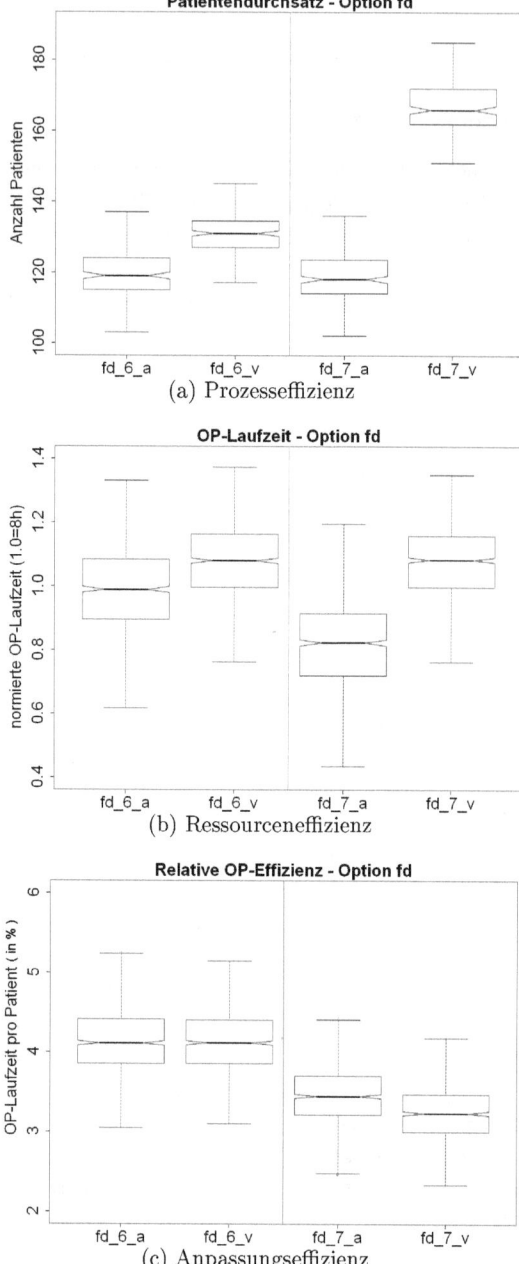

(a) Prozesseffizienz

(b) Ressourceneffizienz

(c) Anpassungseffizienz

Abbildung 12.4: Ergebnisse aus Option *fd*

genügt der Variante mit sieben OP-Sälen in der Ausgangssituation *fd_7_a* eine kürzere OP-Laufzeit als der Variante mit sechs OP-Sälen *fd_6_a*. Bei einem veränderten Patientenaufkommen hingegen arbeiten beide Varianten *fd_7_v* und *fd_6_v* bei OP-Laufzeiten von etwa 108%. Die Variante *fd_7_v* ist dabei jedoch in der Lage einen signifikant höheren Patientendurchsatz zu erzielen.

Während die Prozess- und die Ressourceneffizienz absolut gemessen werden, betrachtet die **Anpassungseffizienz** die relative OP-Effizienz anhand der OP-Laufzeit je Patient (vgl. Abbildung 12.4(c)). Bei dem veränderten Patientenmix steigt die Anzahl der HNO Patienten stärker als die der ACH Patienten. HNO Patienten weisen kürzere Eingriffsdauern auf als die Patienten der ACH. Demnach müsste bei dem steigenden Patientenaufkommen mit dem veränderten Patientenportfolio die OP-Laufzeit pro Patient sinken, wenn die Anpassungseffizienz gegeben ist.

In der Option *fd* tritt dieser Anpassungseffekt nur bei sieben OP-Sälen auf (*fd_7_a* vs *fd_7_v*). Hier ist die Anpassungseffizienz gegeben und folgerichtig sinkt bei sieben OP-Sälen die OP-Laufzeit pro Patient von 3,45 auf 3,23 Stunden (vgl. Tabelle 17.1 im Anhang). Bei nur sechs OP-Sälen (*fd_6_a* vs *fd_6_v*) ändert sich die relative OP-Effizienz jedoch nicht und bleibt bei 4,11 Stunden OP-Laufzeit pro Patient. Dies liegt daran, dass das steigende Patientenaufkommen im Fachbereich der HNO nicht versorgt werden kann. Für das veränderte Patientenaufkommen liegt der wöchentliche Patientendurchsatz um etwa 35 Patienten niedriger als bei sieben OP-Sälen. Dementsprechend sinkt insgesamt auch die OP-Laufzeit je Patient nicht. Für das Basisszenario *fd* ist die Anpassungseffizienz daher nur bei sieben OP-Sälen gegeben. Mit sechs OP-Sälen kann eine entsprechende Versorgung der Patienten nicht gewährleistet werden.

12.2 Option fz:
fixe Ausstattung - zentrale Organisation

12.2.1 Kurzbeschreibung

Im Gegensatz zu Option *fd* liegt in Option *fz* eine zentrale Organisation der ACH und HNO vor. Beide Fachbereiche bilden hier einen gemeinsamen, räumlich verbundenen OP-Bereich. Option *fz* geht ebenfalls von einer fixen OP-Ausstattung aus. Wie in Option *fd* stehen insgesamt vier OP-Säle mit Spezialgeräten zur Verfügung. Davon entsprechen zwei dem Spezialgerätebedarf der ACH und zwei dem der HNO. Je nachdem, ob insgesamt sechs oder sieben OP-Säle vorgehalten werden, stehen noch zwei bzw. drei weitere OP-Säle mit einer Grundausstattung zur Verfügung, die für alle Patienten ohne Spezialgerätebedarf eingesetzt werden können.

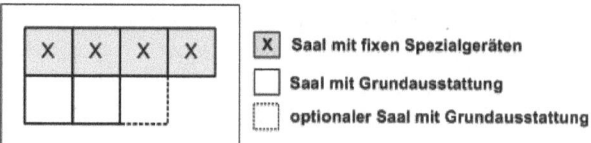

Abbildung 12.5: Darstellung der Option *fz*

12.2.2 Ergebnisse

Für die **Prozesseffizienz** zeigt sich - wie zuvor in Option *fd* - bei dem aktuellen Patientenmix kein Unterschied zwischen den Varianten mit sechs und sieben OP-Sälen (vgl. *fz_6_a* und *fz_7_a* in Abbildung 12.6(a)). Im Gegensatz zu Option *fd* gilt dies jedoch auch bei einem veränderten Patientenportfolio. In allen Fällen kann das wöchentlich anfallende Patientenaufkommen von etwa 119 bzw. 166 Patienten abgearbeitet werden (vgl. auch Tabelle 17.2 im Anhang).

In Bezug auf die **Ressourceneffizienz** zeigt sich bei einem veränderten Patientenmix mit steigendem Patientenaufkommen durchgängig eine Erhöhung der absoluten OP-Laufzeiten. Die Varianten mit sechs OP-Sälen weisen tägliche OP-Laufzeiten von etwa 86 und 115% auf. Mit sieben OP-Sälen liegen die Laufzeiten durchgängig niedriger und erreichen Werte von etwa 74 und 95% (vgl. Abbildung 12.6(b)). Bei sieben OP-Sälen kann das Patientenaufkommen besser verteilt werden, sodass selbst bei einem veränderten Patientenportfolio kein Überstundenbetrieb notwendig wird. Mit sechs OP-Sälen hingegen kann das steigende Patientenaufkommen jedoch nur im Überstundenbetrieb mit OP-Laufzeiten von etwa 115% versorgt werden.

Die **Anpassungseffizienz** ist bei der Gestaltungsoption *fz* gegeben - unabhängig davon, ob der OP-Bereich mit sechs oder sieben OP-Sälen betrieben wird. In beiden Fällen zeigt sich eine sinkende relative OP-Effizienz- was dem veränderten Patientenaufkommen entspricht. Mit secha OP-Sälen sinkt die OP-Laufzeit pro Patient von 3,65 auf 3,36 Stunden und mit sieben OP-Sälen von 3,15 auf 2,87 Stunden (vgl. Tabelle 17.2 im Anhang). Da die Varianten mit nur sechs OP-Sälen jeweils längere absolute OP-Laufzeiten benötigen, um dasselbe Patientenaufkommen zu versorgen, liegt hier auch die relative OP-Laufzeit je Patient entsprechend höher als bei sieben OP-Sälen.

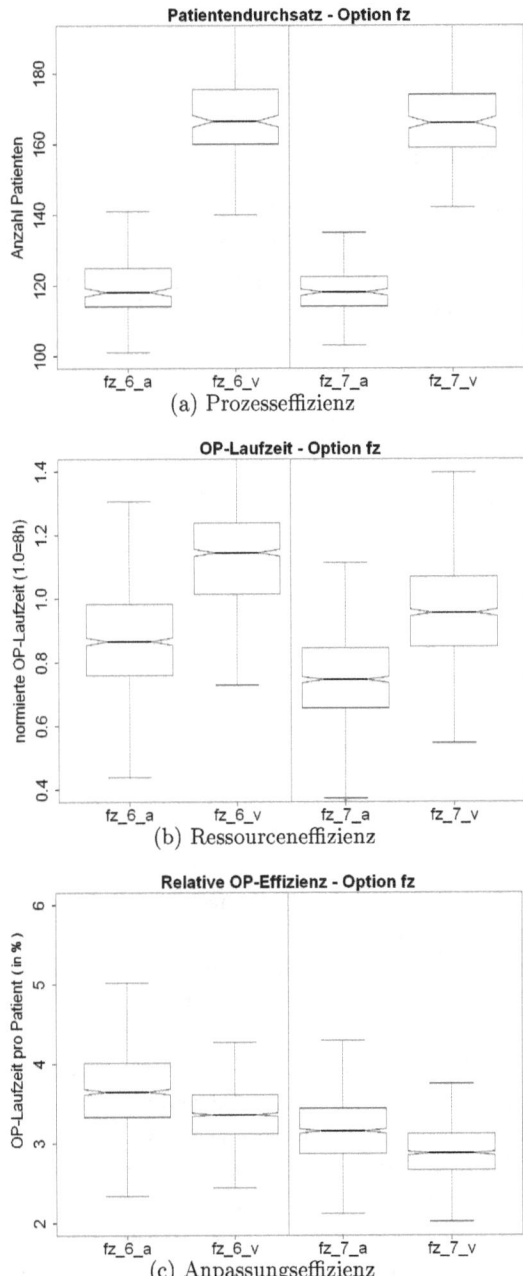

(a) Prozesseffizienz

(b) Ressourceneffizienz

(c) Anpassungseffizienz

Abbildung 12.6: Ergebnisse aus Option *fz*

12.3   Option md:

mobile Ausstattung - dezentrale Organisation

12.3.1   Kurzbeschreibung

Option *md* betrachtet eine dezentrale Organisation bei einer mobilen Ausstattung der OP-Säle. In diesem Szenario sind die ACH und die HNO zwei getrennte OP-Bereiche. Bei der Variante mit insgesamt sechs OP-Sälen stehen der ACH vier und der HNO zwei Säle zur Verfügung. Bei insgesamt sieben OP-Sälen wird der HNO ein Saal hinzugefügt. Jeder Bereich verfügt über einen eigenen mobilen Gerätepool, wie in Abschnitt 11.2.3 beschrieben.

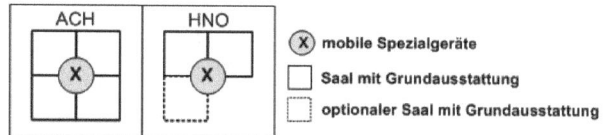

Abbildung 12.7: Darstellung der Option *md*

12.3.2   Ergebnisse

Die **Prozesseffizienz** bei dem aktuellen Patientenmix unterschiedet sich auch in der Option *md* nicht zwischen sechs oder sieben OP-Sälen (vgl. *md_6_a* vs *md_7_a* in Abbildung 12.8(a)). Die Anzahl wöchentlich ankommender Patienten kann gleichermaßen versorgt werden. Bei einem veränderten und steigenden Patientenaufkommen ermöglicht - analog zu Option *fd* - jedoch nur die Variante mit sieben OP-Sälen *md_7_v* einen ausreichenden Patientendurchsatz, um alle ankommenden Patienten zu behandeln. Mit sechs OP-Sälen können wiederum nur etwa 131 statt 168 Patienten versorgt werden (vgl. Tabelle 17.3 im Anhang).

Die Ergebnisse zur **Ressourceneffizienz** zeigen, wie zuvor, eine steigende OP-Laufzeit proportional zu dem steigenden Patientenaufkommen (vgl. Abbildung 12.8(b)). Die Varianten mit sechs OP-Sälen ergeben wiederum höhere OP-Laufzeiten als Varianten mit sieben OP-Sälen. Für den aktuellen Patientenmix liegen die absoluten OP-Laufzeiten durchgängig unter 100%, d.h. in keinem Fall wird ein regelmäßiger Überstundenbetrieb notwendig. Während jedoch die Variante mit sechs OP-Sälen *md_6_a* bei OP-Laufzeiten von 93% schon knapp an der Vollauslastung arbeitet, sind bei sieben OP-Sälen mit nur 77% OP-Laufzeit noch Kapazitätspuffer in der Ressourcenauslastung vorhanden. Bei ei-

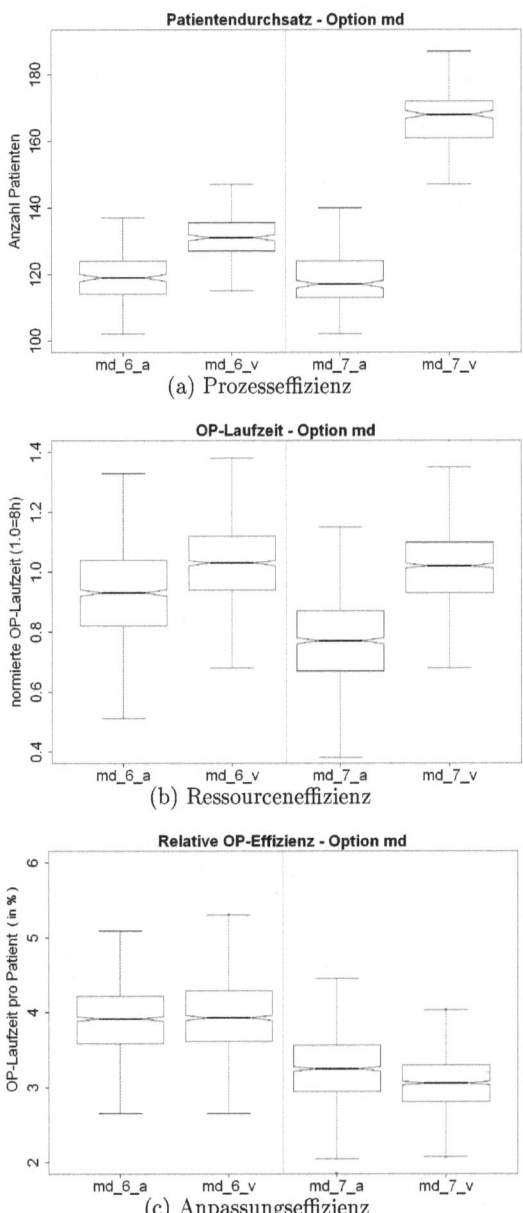

(a) Prozesseffizienz

(b) Ressourceneffizienz

(c) Anpassungseffizienz

Abbildung 12.8: Ergebnisse der Option *md*

nem veränderten und steigenden Patientenaufkommen hingegen benötigen beide Varianten md_6_v und md_7_v OP-Laufzeiten im Überstundenbetrieb bei etwa 102%
Die **Anpassungseffizienz** in der Option md stellt sich wie in Abbildung 12.8(c) dar. Eine Anpassung an das veränderte Patientenaufkommen erfolgt hier nur bei sieben OP-Sälen. Die OP-Laufzeit pro Patient sinkt hier von 3,25 auf 3,05 Stunden (vgl. Tabelle 17.3 im Anhang). Der überproportionale Anstieg von HNO-Patienten mit kürzeren Eingriffsdauern macht sich nur in der Variante md_7_v bemerkbar. Da in der Variante md_6_v ein Großteil der HNO-Patienten nicht behandelt werden kann, ergibt sich hier keine Änderung der OP-Laufzeit je Patient von etwa 3,92 Stunden.

12.4 Option mz:
mobile Ausstattung - zentrale Organisation

12.4.1 Kurzbeschreibung

Option mz geht wie Option md von einer mobilen Ausstattung aus, betrachtet jedoch eine zentrale Organisation (vgl. Abbildung 12.9). Die ACH und HNO bilden einen OP-Bereich mit sechs bzw. sieben OP-Sälen und einem gemeinsamen Gerätepool, wie in Abschnitt 11.2.3 erläutert.

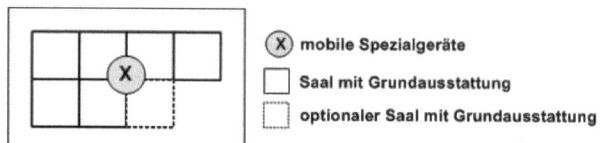

Abbildung 12.9: Darstellung der Option mz

12.4.2 Ergebnisse

Bezüglich der **Prozesseffizienz** können in Option mz - wie bereits in Option fz - in allen Varianten alle wöchentlich ankommenden Patienten behandelt werden. Der Patientendurchsatz ist für sechs bzw. sieben OP-Säle sowohl bei dem aktuellen als auch bei dem veränderten Patientenaufkommen ausreichend zur Versorgung aller Patienten (vgl. Abbildung 12.10(a) und Tabelle 17.4 im Anhang).

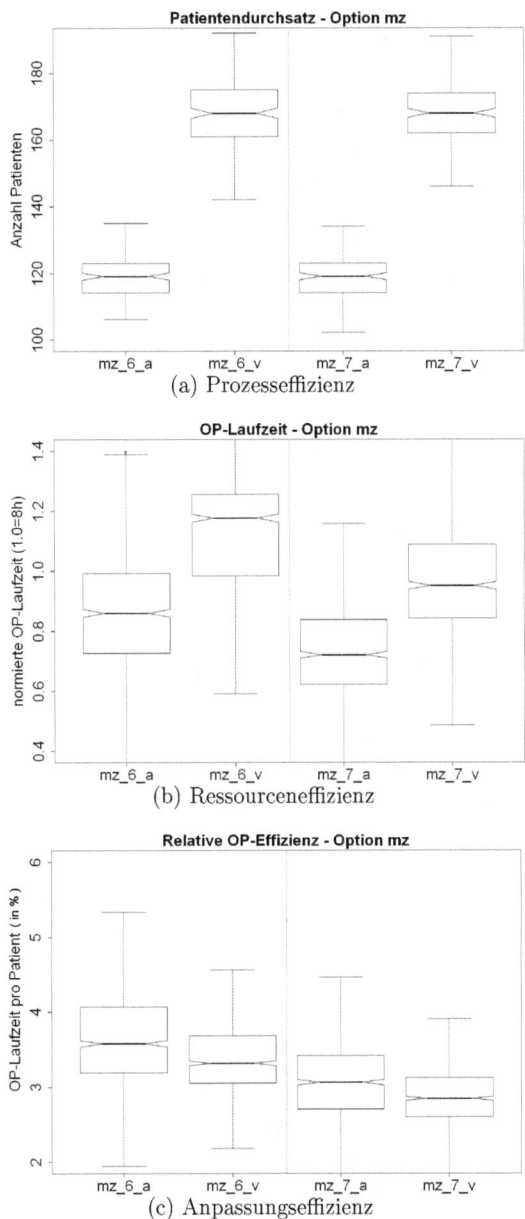

(a) Prozesseffizienz

(b) Ressourceneffizienz

(c) Anpassungseffizienz

Abbildung 12.10: Ergebnisse der Option *mz*

Die Ergebnisse zur **Ressourceneffizienz** zeigen zudem, dass die beiden Varianten mit sechs bzw. sieben OP-Sälen das aktuelle Patientenaufkommen im Regelbetrieb versorgen können. Der Median der OP-Laufzeiten liegt bei 72% für sieben OP-Säle und bei 86% für sechs OP-Säle. Bei einem veränderten Patientenportfolio ist mit sechs OP-Sälen jedoch ein regelmäßiger Überstundenbetrieb mit OP-Laufzeiten von etwa 118% notwendig, um das gesamte Patientenaufkommen versorgen zu können. Im Gegensatz dazu reichen bei sieben OP-Sälen Laufzeiten von etwa 95% aus.

Die **Anpassungseffizienz**, gemessen an der relativen OP-Effizienz, zeigt, dass alle Varianten eine Anpassung an das veränderte Patientenaufkommen erlauben. Mit dem veränderten Patientenmix weisen beide Varianten mz_6_v und mz_7_v durch die erhöhte Anzahl „kürzerer" HNO-Patienten auch eine sinkende OP-Laufzeit je Patient auf. Bei sechs OP-Sälen sinkt die OP-Laufzeit je Patient von 3,57 auf 3,31 Stunden und bei sieben OP-Sälen von 3,06 auf 2,84 Stunden (vgl. Tabelle 17.4 im Anhang).

12.5 Zusammenfassung

In Tabelle 12.1 sind die Ergebnisse der verschiedenen Simulationsszenarien noch einmal zufammenfassend dargestellt.

Mit der **Prozesseffizienz** wurde der Patientendurchsatz unterschiedlicher Gestaltungsoptionen für die OP-Bereiche der ACH und HNO untersucht. Für das aktuelle Patientenaufkommen weisen alle betrachteten Szenarien einen ausreichenden Patientendurchsatz auf. Unabhängig vom gewählten Basisszenario und der Anzahl OP-Säle sind alle Varianten in der Lage, das aktuelle Patientenaufkommen zu versorgen. Bei einem veränderten Patientenmix mit steigendem Patientenaufkommen zeigen die Ergebnisse zur Prozesseffizienz, dass die Versorgung der wöchentlich ankommenden Patienten nicht mehr in allen Szenarien sichergestellt ist. Die Basisszenarien mit einer dezentralen OP-Organisation sind bei einer Ressourcenvorhaltung von nur sechs OP-Sälen - im Gegensatz zu einer zentralen OP-Organisation - nicht mehr in der Lage dem gestiegenen Patientenaufkommen gerecht zu werden.

Die **Ressourceneffizienz** wurde auf Basis der durchschnittlichen OP-Laufzeit der OP-Bereiche untersucht. Die Ergebnisse für die Ressourceneffizienz zeigen stärkere Unterschiede als die der Prozesseffizienz. Abhängig von der Anzahl OP-Säle, dem Grad der Ressourcenmobilität und der Organisationszentralisierung lassen sich sowohl Auslastungen mit OP-Laufzeiten von etwa 70% als auch OP-Laufzeiten bis zu 118% beobachten, die einen Überstundenbetrieb erfordern. Die Varianten mit sechs OP-Sälen weisen im Vergleich zu denen mit sieben OP-Sälen regelmäßig höhere OP-Laufzeiten auf um dasselbe Patientenaufkommen versorgen zu können. Bei verändertem und steigendem Patientenaufkommen, das zu einer maximalen Auslastung der OP-Bereiche führt, treten bei sechs und

	Patienten pro Woche		normierte OP-Laufzeit		OP-Laufzeit pro Patient	
	Aktuell	Verändert	Aktuell	Verändert	Aktuell	Verändert
fd_6	119.0	131.0	0.989	1.080	4.112	4.115
fd_7	118.0	166.0	0.823	1.083	3.449	3.232
fz_6	118.0	166.5	0.866	1.145	3.651	3.363
fz_7	118.0	166.0	0.745	0.955	3.153	2.874
md_6	119.0	131.0	0.931	1.030	3.913	3.928
md_7	117.0	168.0	0.770	1.020	3.250	3.057
mz_6	119.0	168.0	0.859	1.176	3.577	3.317
mz_7	119.0	168.0	0.720	0.951	3.064	2.845

Tabelle 12.1: Überblick der Simulationsrgebnisse

sieben OP-Sälen vergleichbare OP-Laufzeiten auf. An diesen Kapazitätsgrenzen erreichen die Varianten mit weniger OP-Sälen jedoch meist nur einen geringeren Patientendurchsatz.

Die **Anpassungseffizienz** betrachtet im Gegensatz zur Prozess- und Ressourceneffizienz keine absoluten Effizienzkriterien, sondern die relative OP-Effizienz, gemessen als OP-Laufzeit je Patient. Analog zu den absoluten OP-Laufzeiten weisen die Varianten mit nur sechs OP-Sälen auch bei den OP-Laufzeiten pro Patient höhere Werte auf als die Varianten mit sieben OP-Sälen. Bei dem veränderten Patientenmix erhöht sich der Anteil HNO-Patienten mit kürzeren Eingriffsdauern. Infolgedessen ist die Anpassungseffizienz gegeben, wenn sich dies auch in einer Senkung der durchschnittlichen OP-Laufzeiten je Patient widerspiegelt. Wie sich zeigte, ist bei dem verändreten Patientenportfolio die Anpassungseffizienz nur in den Varianten mit sieben OP-Sälen oder bei einer zentralen OP-Organisation gegeben. Im Folgenden wird auf Basis dieser Ergebnisse die Wirkung der Ressourcenmobilität und des Zentralisierungsgrades der OP-Organisation genauer analysiert.

Kapitel 13

Partialanalysen zur Ressourcenmobilität und zum Zentralisierungsgrad

Bisher wurden die Ergebnisse nur entlang der Varianten einer Gestaltungsoption betrachtet. Die folgenden Analysen nehmen eine Zusammenführung vor und betrachten die Ergebnisse der einzelnen Gestaltungsoptionen in Relation zueinander. Hierbei werden insbesondere die Effekte der Ressourcenmobilität und des Zentralisierungsgrades untersucht. Entsprechend analysieren die Partialanalysen separat den Einfluss der Ressourcenmobilität und des Zentralisierungsgrades. Ausgehend von Option *fd*, einer klassischen OP-Organisation mit fixer Ausstattung und dezentraler Organisation, wird zum einen eine Erhöhung der Ressourcenmobilität und zum anderen eine Erhöhung des Zentralisierungsgrades vorgenommen (vgl. Abbildung 13.1). Der Einfluss der Ressourcenmobilität auf die Prozess-, Ressourcen- und Anpassungseffizienz wird im Vergleich von Option *fd* zu Option *md* untersucht. Für dezentrale Fachbereiche zeigt sich hier die Auswirkung einer erhöhten Ressourcenmobilität durch den Übergang von einer fixen zu einer mobilen OP-Ausstattung. Analog dazu wird der Einfluss des Zentralisierungsgrades im Vergleich zwischen einer dezentralen und einer zentralen Organisation evaluiert. Dies entspricht einem Übergang von der Option *fd* zur Option *fz*.

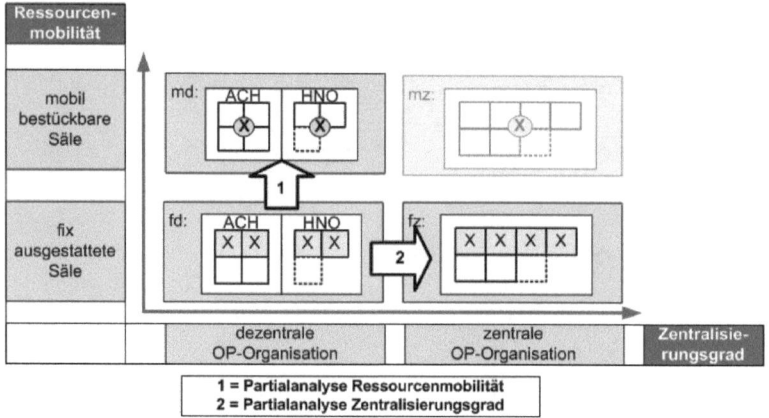

Abbildung 13.1: Basisszenarien der Partialanalysen

13.1 Partialanalyse Ressourcenmobilität

13.1.1 Befunde zum Einfluss der Ressourcenmobilität

Die Ergebnisse der Option *fd* und *md* sind in Abbildung 13.2 gegenübergestellt. Die weißen Boxplots stellen die Ausgangssituation mit fixen Spezialgeräten *fd* dar und die grauen Plots die veränderte Situation mit mobilen Spezialgeräten *md*. Um den Einfluss der Ressourcenmobilität zu untersuchen, sind jeweils vergleichbare Szenarien zu betrachten. Diese vergleichbaren Szenarien weisen einen gleichen Patientenmix sowie eine gleiche Anzahl OP-Säle auf und sind in Abbildung 13.2 jeweils nebeneinander positioniert, z.B. *fd_6_a* vs *md_6_a*.

Ein Einfluss der Ressourcenmobilität liegt vor, wenn sich die Ergebnisse zur Prozess-, Ressourcen- oder Anpassungseffizienz dieser Szenarien signifikant voneinander unterscheiden. Signifikante Unterschiede zwischen den Medianen sind wiederum durch nicht überlappende Vertrauensbereiche der Boxplots zu erkennen (vgl. Abbildung 12.1). Für die Fälle, in denen signifikante Unterschiede vorliegen, können die genauen Werte aus Tabelle 17.5 im Anhang entnommen werden.

In Bezug auf die **Prozesseffizienz** zeigt sich *kein Einfluss der Ressourcenmobilität*, da in keinem Fall signifikante Differenzen zwischen den vergleichbaren weißen und grauen Boxplots auftreten (vgl. Abbildung 13.2(a)). Bei dem aktuellen Patientenportfolio (linke Diagrammhälfte) weisen alle Varianten - auch bei unterschiedlicher Anzahl der OP-Säle - einen vergleichbaren Patientendurchsatz von etwa 119 Patienten pro Woche auf. Mit einem veränderten Patientenmix (rechte Diagrammhälfte) unterscheidet sich zwar der

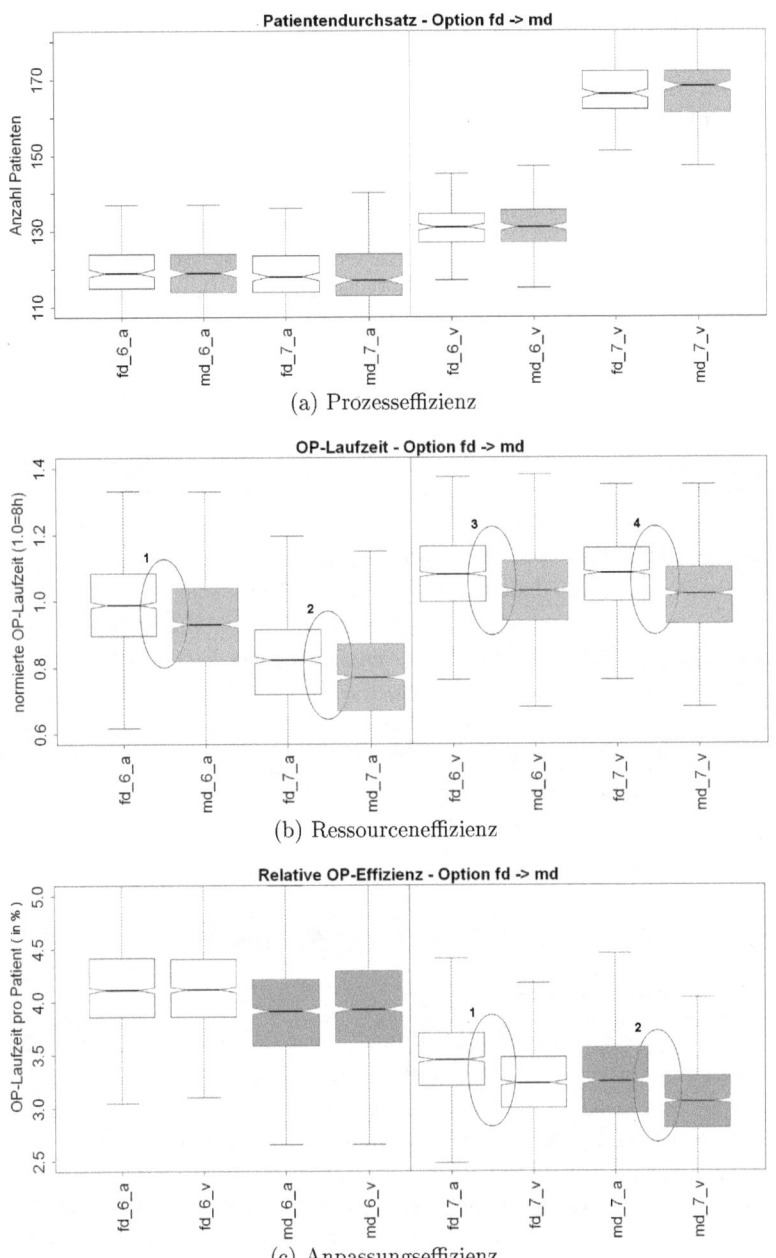

(a) Prozesseffizienz

(b) Ressourceneffizienz

(c) Anpassungseffizienz

Abbildung 13.2: Einfluss der Ressourcenmobilität bei dezentraler Organisation

Patientendurchsatz bei sechs und sieben OP-Sälen, in Bezug auf die Variation in der Ressourcenmobilität liegen die Szenarien mit sechs fd_6_v vs md_6_v bzw. sieben fd_7_v vs md_7_v OP-Sälen jedoch gleichauf bei etwa 131 bzw. 166 Patienten pro Woche. Daher lässt sich für die Prozesseffizienz auch bei einem veränderten Patientenaufkommen kein Unterschied zwischen einer fixen oder einer mobilen OP-Ausstattung erkennen.

Im Gegensatz dazu zeigen sich für die **Ressourceneffizienz** jedoch Unterschiede zwischen den Varianten mit mobiler und fixer OP-Ausstattung. Bei jedem Patientenmix differieren die Ergebnisse der vergleichbaren Szenarien signifikant (vgl. ovale Markierungen in Abbildung 13.2(b)). Obwohl bei einer mobilen Geräteausstattung zusätzliche Transportaktivitäten für Spezialgeräte anfallen, weisen die grauen Boxplots md mit mobiler Ausstattung durchweg signifikant geringere OP-Laufzeiten auf. Die OP-Laufzeiten unterscheiden sich dabei jeweils um etwa fünf bis sechs Prozentpunkte. Die Ressourceneffizienz kann in diesem Fall durch eine Erhöhung der Ressourcenmobilität positiv beeinflusst werden, d.h. kürzere OP-Laufzeiten erreichen.

Die relative OP-Effizienz, liegt in der Ausgangssituation bei etwa 3,9 - 4,1% OP-Laufzeit je Patient (vgl. Abbildung 13.2(c)). Der veränderte Patientenmix - mit stärkerem Zuwachs kurzer Eingriffe - führt jedoch nicht zu den erwartet niedrigeren OP-Laufzeiten je Patient. Die **Anpassungseffizienz** ist bei sechs OP-Sälen sowohl bei einer fixen als auch bei einer mobilen OP-Ausstattung nicht gegeben. Bei sieben OP-Sälen (rechte Diagrammhälfte) hingegen ist die Anpassungseffizienz *unabhängig* von der Ressourcenmobilität gegeben. Die Szenarien fd_7 und md_7 weisen entsprechend in beiden Fällen signifikant sinkende OP-Laufzeiten auf. Die Ressourcenmobilität beeinflusst die Anpassungsfähigkeit einer OP-Organisation also nicht. Darüber hinaus zeigt sich jedoch, dass die relative OP-Effizienz bei den Varianten mit einer mobilen Ausstattung jeweils signifikant besser ist, d.h. niedrigere OP-Laufzeiten pro Patient aufweist, als die vergleichbaren Szenarien mit fixer Ausstattung (z.B. fd_6_a vs md_6_a).

13.1.2 Diskussion der Befunde zum Einfluss der Ressourcenmobilität

Die Ressourcenmobilität zeigt zwar keinen Einfluss auf die Prozess- und Anpassungseffizienz, sie beeinflusst jedoch die Ressourceneffizienz. Eine Erhöhung der Ressourcenmobilität - d.h. ein Einsatz mobiler Geräte - wirkt sich bei dezentral koordinierten, kleinen OP-Bereichen vorteilhaft auf die OP-Laufzeiten (d.h. die Ressourceneffizeinz) aus. Trotz des zusätzlichen Transportaufwandes sind die OP-Laufzeiten signifikant geringer als bei einer fixen OP-Ausstattung. Dieser Effekt rührt daher, dass Patienten mit Spezialbedarf bei fix installierten OP-Sälen erst dann behandelt werden können, wenn ein entsprechender OP-Saal frei wird. Selbst wenn das benötigte Spezialgerät nicht genutzt wird, ist es nicht verfügbar. Dadurch verlängert sich die Wartezeit auf speziell ausgerüstete OP-Säle sowie die OP-Laufzeit für das gesamte Tagesprogramm. Bei einer höheren Ressourcenmobilität hingegen, d.h. bei einer mobilen Ausstattung, kann ein Eingriff mit Spezialgerätebedarf in einem beliebigen freien OP-Saal stattfinden, sobald das Spezialgerät verfügbar ist. Somit können die Räume flexibler belegt und das gesamte OP-Programm kann schneller abgearbeitet werden.

In Bezug auf die Prozesseffizienz eines OP-Bereiches lässt sich jedoch kein Einfluss der Ressourcenmobilität erkennen. In keinem der betrachteten Fälle zeigt sich zwischen fix oder mobil ausgestatteten OP-Sälen ein Unterschied im Patientendurchsatz. Die absoluten OP-Laufzeiten und die relativen OP-Laufzeiten pro Patient können zwar reduziert werden, diese Zeitersparnis reicht jedoch nicht aus, um im Regelbetrieb weitere Patienten abzurufen und behandeln zu können. Somit kann über eine Erhöhung der Ressourcenmobilität, d.h. durch eine mobile OP-Ausstattung keine Anpassung des Patientendurchsatzes an ein steigendes Patientenaufkommen erzielt werden.

13.2 Partialanalyse Zentralisierungsgrad

13.2.1 Befunde zum Einfluss des Zentralisierungsgrades

Der Einfluss des Zentralisierungsgrades wird am Übergang von einer dezentralen zu einer zentralen OP-Organisation, d.h. von Option fd zu Option fz untersucht. Die Ergebnisse der einzelnen Szenarien und die Befunde aus der Gegenüberstellung vergleichbarer Szenarien sind in Abbildung 13.3 dargestellt. Die weißen Boxplots stellen die Ausgangssituation mit einer dezentralen Organisation fd dar und die grauen Boxplots die veränderte Situation mit zentraler Organisation fz. Für die Fälle, in denen signifikante Unterschiede vorliegen, können die genauen Werte der Differenzen aus Tabelle 17.6 im Anhang entnommen werden.

Betrachtet man die **Prozesseffizienz**, d.h. den Patientendurchsatz mit dem aktuellen Patientenmix, ergeben sich *keine signifikanten Differenzen* zwischen einer dezentralen und einer zentralen OP-Organisation (vgl. linke Diagrammhälfte in Abbildung 13.3(a)). Bei einem veränderten Patientenmix mit sieben OP-Sälen kann sowohl mit der dezentralen als auch mit der zentralen Variante fd_7_v bzw. fz_7_v das gesamte Patientenaufkommen von etwa 166 Patienten pro Woche versorgt werden. Bei Markierung 1 in Abbildung 13.3(a) zeigen sich jedoch Unterschiede. Hier stehen nur sechs OP-Säle zur Verfügung, und nur noch die Variante mit einer zentralen Organisation fz_6_v gewährleistet einen ausreichenden Patientendurchsatz bei einer Veränderung im Patientenportfolio. Eine dezentrale Organisation fd_6_v hingegen erreicht nur einen niedrigeren Patientendurchsatz, mit einer signifikanten Differenz von etwa 36 Patienten pro Woche.

Bei der **Ressourceneffizienz** zeigt sich ebenfalls ein Einfluss des Zentralisierungs-

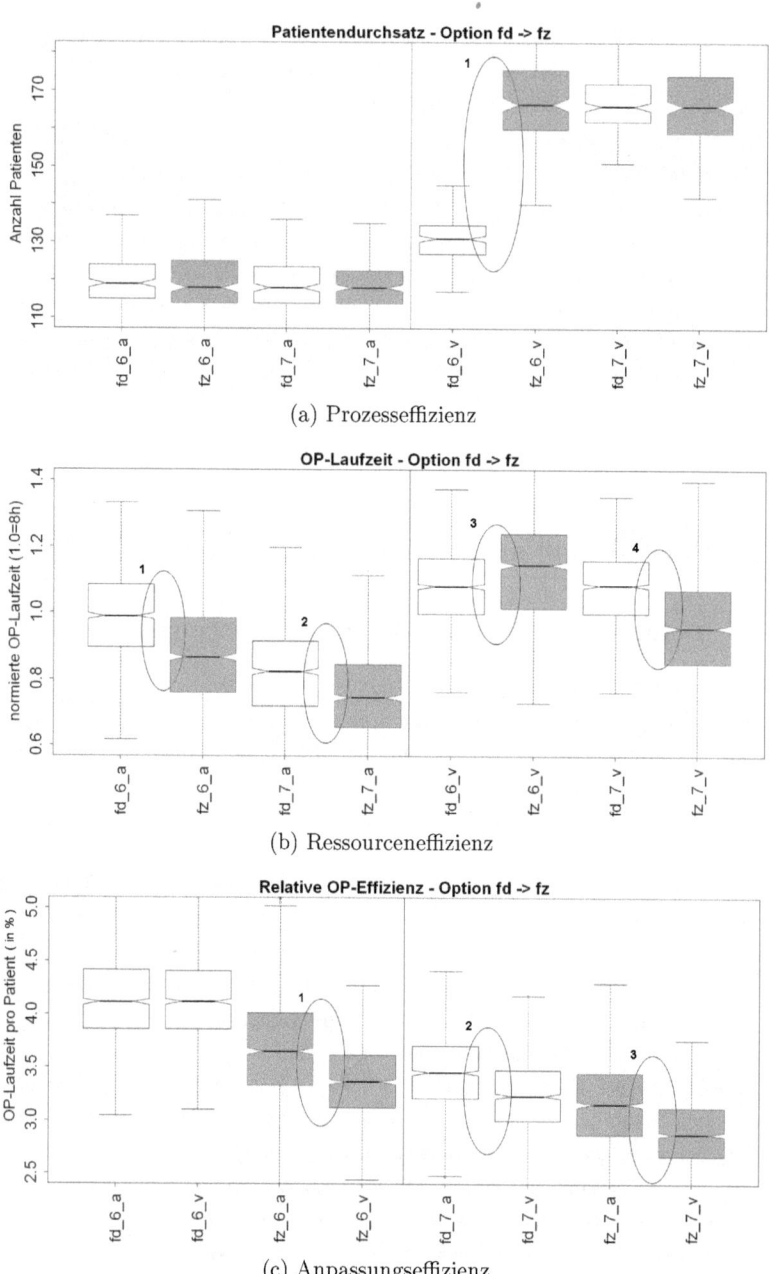

(a) Prozesseffizienz

(b) Ressourceneffizienz

(c) Anpassungseffizienz

Abbildung 13.3: Einfluss des Zentralisierungsgrades bei fixer OP-Ausstattung

grades. Bei gleichem Patientendurchsatz im aktuellen Patientenmix weist eine zentrale OP-Organisation fz jeweils geringere OP-Laufzeiten auf als eine dezentrale Organisation fd (vgl. Markierung 1 und 2 in Abbildung 13.3(b)). Dabei fallen die Unterschiede in den OP-Laufzeiten bei sechs OP-Sälen stärker aus als bei sieben OP-Sälen. Der Unterschied zwischen den Varianten mit sechs OP-Sälen (Markierung 1) liegt bei etwa zwölf Prozentpunkten. Mit sieben OP-Sälen hingegen (Markierung 2) liegt die Differenz nur bei etwa sieben Prozentpunkten. In Markierung 4 (Abbildung 13.3(b)) zeigt sich bei einem veränderten Patientenaufkommen und sieben OP-Sälen eine Differenz von knapp 13 Prozentpunkten zugunsten der zentralen Organisation. Mit sechs OP-Sälen, in Markierung 3 (Abbildung 13.3(b)), fällt die OP-Laufzeit - im Gegensatz zu den Situationen 1, 2 und 4 - bei einer zentralen Organisation um etwa sechs Prozentpunkte schlechter (d.h. höher) aus als bei einer dezentralen Organisation. Dies resultiert daher, dass in der zentralen Variante fz_6_v deutlich mehr Patienten behandelt werden.

Betrachtet man die **Anpassungseffizienz**, d.h. die relative OP-Effizienz bestätigt sich dies in Markierung 1 in Abbildung 13.3(c). Für die zentrale Variante fz_6 zeigt sich hier ein Anpassungseffekt in der OP-Laufzeit pro Patient. Bei einer dezentralen Organisation fd_6 - in den weißen Boxplots links daneben - ist das nicht der Fall. Geht man nun zu sieben OP-Sälen über (Markierung 2 und 3, Abbildung 13.3(c)) ist die Anpassungseffizienz sowohl bei einer zentralen als auch bei einer dezentralen Organisation gegeben. In beiden Fällen kann das überproportional steigende Patientenaufkommen in der HNO versorgt werden und die OP-Laufzeiten pro Patient sinken. Abschließend ist festzuhalten, dass bei einer zentralen Organisation fz die Anpassungseffizienz gegeben ist, unabhängig von der Anzahl OP-Säle. Bei einer dezentralen Organisation hingegen ist die Anpassungseffizienz in der Situation mit sechs OP-Sälen nicht gegeben. Die OP-Laufzeit je Patient bleibt bei einem veränderten Patientenmix unverändert im Vergleich zum aktuellen Patientenmix fd_6_a vs fd_6_v. Eine dezentrale Organisation erreicht die Anpassungseffizienz lediglich mit sieben OP-Sälen (Markierung 2, Abbildung 13.3(c)).

13.2.2 Diskussion der Befunde zum Einfluss des Zentralisierungsgrades

Der Zentralisierungsgrad der OP-Organisation zeigt eine partielle Wirkung auf die Prozesseffizienz- sowie eine durchgängige Wirkung auf die Ressourceneffizienz. Die Effekte einer Zentralisierung der OP-Organisation lassen sich durch einen erhöhten Spielraum in der OP-Steuerung erklären. In einem gemeinsam koordinierten OP-Bereich ist es möglich, auf freie OP-Säle anderer Bereiche auszuweichen. Dadurch kann auch das ungleich ansteigende Patientenaufkommen des veränderten Patientenportfolios in der ACH und der HNO besser verteilt und versorgt werden. Bei einer dezentralen OP-Organisation bleiben in der ACH freie Kapazitäten - d.h. Restlaufzeiten von OP-Sälen - ungenutzt. Diese werden bei einer zentralen Organisation mit Eingriffen aus der HNO belegt, sodass sich die täglichen OP-Laufzeiten und damit auch der Patientendurchsatz erhöhen. So kann das steigende Patientenaufkommen auch mit sechs OP-Sälen versorgt werden. Auch bei der Anpassungseffizienz zeigt sich eine durchgängige Überlegenheit der zentralen OP-Organisation. Die zentrale Organisation erreicht durchgehend eine bessere relative OP-Effizienz als der dezentrale Fall. Zudem ist die Anpassungseffizienz bei knappen Ressourcen (d.h. sechs OP-Säle) nur bei einer zentralen Organisation gegeben. Diese Effekte, die in der relativen OP-Effizienz zu erkennen sind, sind der höheren Flexibilität in der OP-Steuerung und der effizienteren Verteilung der Patienten zuzuschreiben. Durch den gemeinsamen Betrieb mehrerer OP-Säle können Leerkapazitäten genutzt und die Wartezeiten auf einen OP-Saal verkürzt werden, sodass auch die OP-Laufzeit pro Patient sinkt. Der Effekt der Zentralisierung der OP-Organisation ist dabei so stark, dass er kapazitätswirksam wird und bei steigendem Patientenaufkommen die Bereitstellung eines zusätzlichen OP-Saals (inklusive OP-Teams) ersetzen kann!

13.3   Fazit der Partialanalysen

Beide grundlegende Gestaltungsparameter, die Ressourcenmobilität und der Zentralisierungsgrad der OP-Organisation, zeigen signifikante Einflüsse auf die Effizienz eines OP-Betriebes. Ausgehend von dezentral organisierten OP-Bereichen mit fixer OP-Ausstattung können sowohl eine Erhöhung der Ressourcenmobilität als auch eine Zentralisierung der OP-Organisation zu einer Steigerung der OP-Effizienz führen. Während die Ressourcenmobilität lediglich eine verbesserte Ressourceneffizienz (d.h. sinkende OP-Laufzeiten) erzielen kann ist mit einer Zentralisierung der OP-Organisation zusätzlich auch eine Verbesserung der Prozesseffizienz (d.h. ein erhöhter Patientendurchsatz) möglich. Diese Verbesserungen in der OP-Effizienz werden dabei zum einen durch eine flexiblere Einsetzbarkeit mobiler Geräte und zum anderen durch eine flexiblere OP-Steuerung und Koordination über mehrere OP-Säle hinweg erreicht.

Die Wirkung der beiden Gestaltungsparameter fällt jedoch unterschiedlich stark aus. Während sich der Zentralisierungsgrad der OP-Organisation auf alle betrachteten Effizienzgrößen (Prozess-, Ressourcen-, Anpassungseffizienz) auswirkt, beeinflusst die Ressourcenmobilität nur die Ressourceneffizienz. Der Einsatz mobiler Geräte senkt die durchschnittliche OP-Laufzeit nur um 5 bis 6% (vgl. Abbildung 13.2(b) und Tabelle 17.5 im Anhang). Eine Zentralisierung der OP-Organisation hingegen erreicht Unterschiede von 7 bis 13% (vgl. Abbildung 13.3(b) und Tabelle 17.6 im Anhang). Gleiches gilt für die relative OP-Laufzeit je Patient. Eine Erhöhung der Ressourcenmobilität führt bei den durchschnittlichen OP-Laufzeiten zu einer Verbesserung um etwa 0,4% (vgl. Abbildung 13.2(c) und Tabelle 17.6 im Anhang). Eine Zentralisierung der Organisation hingegen reduziert die ursprüngliche OP-Laufzeit je Patient bis zu 0,8% (vgl. Abbildung 13.3(c) und Tabelle 17.6 im Anhang). Der Zentralisierungsgrad erzielt im Vergleich zur Ressourcenmobilität also einen stärkeren Einfluss auf die Ressourceneffizienz. Im Gegensatz zur Ressourcenmobilität ermöglicht der Zentralisierungsgrad sogar kapazitätswirksame Effekte. Über die Zentralisierung der OP-Organisation kann die Versorgung eines steigenden Patientenaufkommens auch mit einem OP-Saal weniger sichergestellt werden. Der Gestaltungsparameter der Ressourcenmobilität hingegen ermöglicht diese Anpassungseffizienz nicht in allen Fällen und ist insbesondere bei steigendem Patientenaufkommen auf eine höhere Ressourcenvorhaltung angewiesen.

Kapitel 14

Interaktionsanalyse

In den vorangegangenen Partialanalysen wurden der Einfluss der Ressourcenmobilität und des Zentralisierungsgrades auf die OP-Effizienz separat betrachtet. Die Interaktionsanalyse betrachtet nun den Effekt aus einer Kombination beider Gestaltungsparameter. Es wird eine Erhöhung der Ressourcenmobilität bei einer gleichzeitigen Zentralisierung der OP-Organisation vorgenommen, was einem Übergang zur Option mz entspricht (vgl. Abbildung 14.1).

Das Zusammenspiel der Ressourcenmobilität und des Zentralisierungsgrades wird im Vergleich zu einem separaten Einsatz mobiler Geräte und einer separaten Zentralisierung evaluiert. Entsprechend wird die Option mz - mit einer Kombination beider Parameter - den Optionen fz und md gegenübergestellt, in welchen jeweils nur einer der beiden Parameter verändert wurde.

14.1 Befunde zum Einfluss des Interaktionseffektes

Ein Interaktionseffekt liegt nur dann vor, wenn sich sowohl die Variante md (in welcher nur mobile Geräte eingeführt wurden) als auch die Variante fz (in welcher nur eine Zentralisierung vorgenommen wurde) signifikant von der Variante mz (in welcher beide Veränderungen kombiniert werden) unterscheiden. Liegen die Ergebnisse der kombinierten Variante mz gleichauf mit einer der anderen (fz oder md), kann nicht von einem Interaktionseffekt gesprochen werden, da die Resultate bereits durch den Partialeffekt eines Gestaltungsparameters allein erreicht werden. Liegt z.B. der Patientendurchsatz in der Variante md (nur mobile Geräte) bei 100 Patienten, in der Variante fz (nur Zentralisierung) bei 120 Patienten und bei der Variante mz (sowohl mobile Geräte als auch Zentralisierung) bei 120 Patienten, so zeigt sich kein Effekt zwischen den Varianten mz und fz. Eine Kombination von Zentralisierung und mobilen Geräten würde in diesem Fall keine zusätzliche Verbesserung erzielen und somit auch keinen Interaktionseffekt aus der

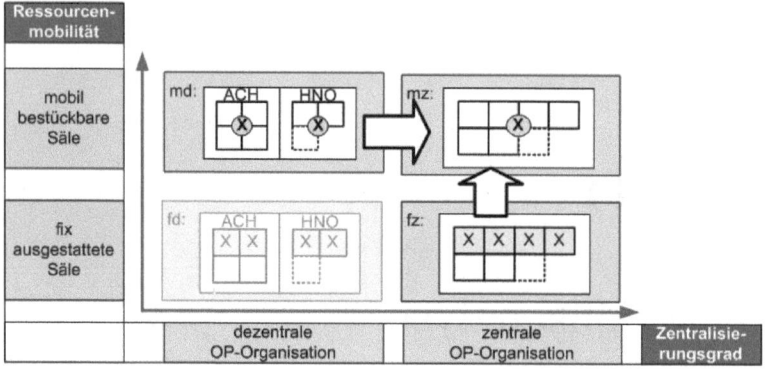

Abbildung 14.1: Basisszenarien der Interaktionsanalyse

Kombination beider Gestaltungsparameter aufweisen.

In Abbildung 14.2 sind die Ergebnisse der Vergleiche zwischen den einzelnen Szenarien zusammenfassend dargestellt. Die weißen Boxplots geben die Resultate der Varianten mit nur partieller Variation eines Gestaltungsparameters wieder. Die grauen Boxplots stellen die Ergebnisse für die Kombination von mobilen Geräten mit einer zentralen Organisation dar. In den Fällen in denen sich signifikante Interaktionseffekte ergeben, ist im Anhang in Tabelle 17.7 die entsprechende Differenz angegeben.

Die Ergebnisse zum Patientendurchsatz zeigen, dass die **Prozesseffizienz** durch eine Interaktion der Ressourcenmobilität und des Zentralisierungsgrades *nicht* beeinflusst wird. Die Basisszenarien mz erreichen in keinem Fall einen höheren Patientendurchsatz als die Basisszenarien md oder fz. In Markierung 1 (Abbildung 14.2(a)) lässt sich ein signifikanter Anstieg von 37 Patienten nach dem ersten weißen Plot md_6_v feststellen. Dieser Effekt beruht jedoch nicht auf einer Interaktion der beiden Parameter, da bereits der zweite weiße Plot mit einer separaten Zentralisierung fz_6_v einen vergleichbaren Patientendurchsatz erreicht. Eine zusätzliche Erhöhung der Ressourcenmobilität im grauen Plot mz_6_v führt zu keiner weiteren Verbesserung der Prozesseffizienz. Es besteht also kein Interaktionseffekt in Bezug auf die Prozesseffizienz.

Die **Anpassungseffizienz** ist für die kombinierten Varianten mz in allen Fällen gegeben. Die OP-Laufzeiten pro Patient (vgl. Abbildung 14.2(c)) sinken soweit, das sowohl mit sechs als auch mit sieben OP-Sälen ein ausreichender Patientendurchsatz für ein verändertes Patientenaufkommen gesichert werden kann (vgl. mz_6_v und mz_7_v in Abbildung 14.2(a)). In einzelnen Fällen (vgl. mz_7_a und mz_6_v in Abbildung 14.2(c)) zeigt sich für die Anpassungseffizienz bei der Kombination beider Gestaltungsparameter sogar ein positiver Interaktionseffekt in Form signifikant sinkender OP-Laufzeiten pro Pa-

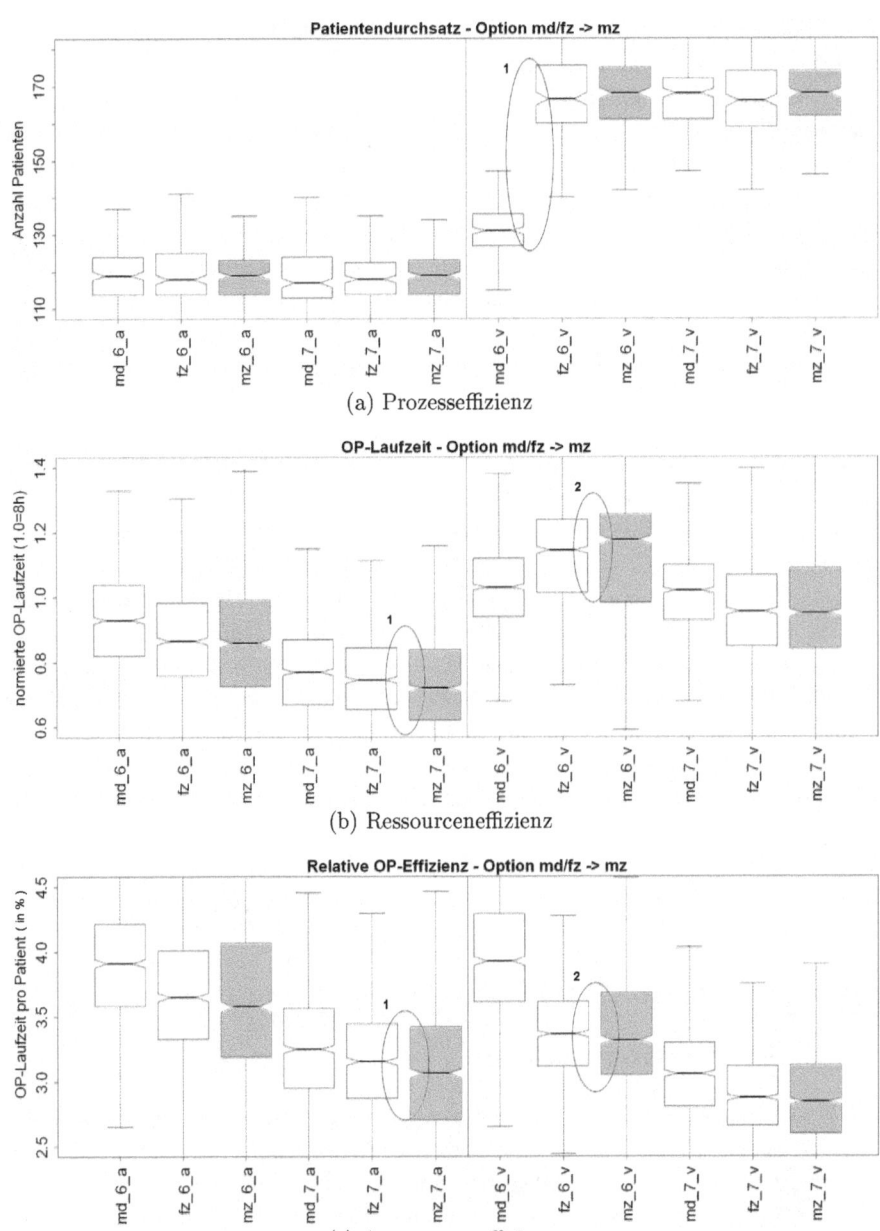

(a) Prozesseffizienz

(b) Ressourceneffizienz

(c) Anpassungseffizienz

Abbildung 14.2: Kombinierte Variation des Zentralisierungsgrades und der Ressourcen-mobilität

tient. Dieser Effekt ist jedoch sehr gering, zudem lässt sich kein durchgängiger Einfluss eines Interaktionseffektes auf die Anpassungseffizienz feststellen.

Für die **Ressourceneffizienz**, gemessen an der absoluten OP-Laufzeit, können Effekte aus einer Interaktion der beiden Parameter festgestellt werden. Signifikante Interaktionseffekte zeigen sich in zwei Situationen (vgl. Markierung 1 und 2 in Abbildung 14.2(b)). Mit aktuellem Patientenmix (linke Diagrammhälfte) macht sich ein Interaktionseffekt nur bei sieben OP-Sälen bemerkbar (Markierung 1, Abbildung 14.2(b)) und fällt positiv aus. Durch eine Kombination mobiler Geräte mit einer zentralen OP-Organisation kann die absolute OP-Laufzeit noch einmal signifikant (um etwa 2,5%) verbessert, d.h. gesenkt werden.

Betrachtet man nun die Situation mit einem veränderten Patientenaufkommen (rechte Diagrammhälfte), tritt ein konträrer Interaktionseffekt auf. Zum Einen liegt hier - im Gegensatz zum aktuellen Patientenaufkommen - kein Interaktionseffekt bei sieben OP-Sälen vor. Zum anderen zeigt sich stattdessen bei sechs OP-Sälen ein Interaktionseffekt, der negativ ausfällt (Markierung 2, Abbildung 14.2(b)). Durch eine Kombination mobiler Geräte mit einer zentralen OP-Organisation wird die absolute OP-Laufzeit nun signifikant verlängert.

Die Ergebnisse zu den OP-Laufzeiten pro Patient bestätigen die Beobachtungen aus der absoluten OP-Laufzeit jedoch nur für das aktuelle Patientenaufkommen (vgl. Markierung 1 in Abbildung 14.2(c)). Wie zuvor bei den absoluten OP-Laufzeiten, sinken auch hier die OP-Laufzeiten pro Patient signifikant. Der negative Interaktionseffekt bei einem veränderten Patientenaufkommen wird nicht bestätigt (vgl. Markierung 2 in Abbildung 14.2(c)). Eine Kombination mobiler Geräte und zentraler OP-Organisation führt sogar tendentiell zu positiven Effekten, d.h. zu sinkenden OP-Laufzeiten pro Patient. Dies steht im Widerspruch zu den oben angeführten Beobachtungen bei der absoluten OP-Laufzeit, wonach ein Anstieg in den OP-Laufzeiten pro Patient zu erwarten wäre. Die Ursachen für diese widersprüchlichen Ergebnisse werden in der folgenden Diskussion genauer analysiert.

14.2 Diskussion der Befunde aus der Interaktionsanalyse

Die Befunde zur **Ressourceneffizienz**, gemessen an der absoluten OP-Laufzeit, zeigen situationsspezifisch unterschiedliche Interaktionseffekte zwischen der Ressourcenmobilität und dem Zentralisierungsgrad. Zudem stehen sie im Widerspruch zu den Ergebnissen der relativen OP-Effizienz. Der Interaktionseffekt in den absoluten OP-Laufzeiten ist abhängig von der Anzahl der OP-Säle und dem Patientenaufkommen. Während er bei einem geringen Patientenaufkommen und einer höheren Anzahl von OP-Sälen (aktueller Patientenmix, sieben OP-Säle) positiv ausfällt, wirkt er bei einem hohen Patientenaufkommen und knappen OP-Sälen (veränderter Patientenmix, sechs OP-Säle) negativ aus. Dies deutet darauf hin, dass mit dem veränderten Patientenmix die Situation erreicht ist, in der die Vorteile aus einem Einsatz mobiler Geräte durch den gestiegenen Transportaufwand nivelliert werden. Bei einer zentralen OP-Organisation stehen in der OP-Steuerung und Koordination insgesamt mehr OP-Säle für Umplanungen zur Verfügung. Entsprechend sinken die Wartezeiten auf freie OP-Säle. Fallen diese Wartezeiten unter die Verzögerung durch den Transport mobiler Geräte, führt der Einsatz von mobilen Geräten zu einer verlängerten Belegung der OP-Säle und insgesamt längeren OP-Laufzeiten.

Es stellt sich also die Frage, wann sich der vorteilhafte Interaktionseffekt - in Abhängigkeit vom Ressourcenengpass und einem erhöhten Transportaufwand - umkehrt. Darüber hinaus ist zu untersuchen, ob und wie sich die widersprüchlichen Ergebnisse in der relativen OP-Effizienz, d.h. in den OP-Laufzeiten pro Patient erklären lassen.

Zu diesem Zweck ist in Tabelle 14.1 dargestellt, wie sich der Interaktionseffekt entlang steigendem Ressourcenengpass und steigendem Transportaufwand entwickelt. Der Ressourcenengpass steigt mit dem wöchentlichen Patientenaufkommen pro OP-Saal. Ebenso steigt der Transportaufwand entlang der Anzahl Fälle mit Spezialgerätebedarf. Für jede Variante mit kombinierter Zentralisierung und mobilen Geräten ist sowohl der absolute Interaktionseffekt (absoluten OP-Laufzeiten) als auch der relative Interaktionseffekt (OP-Laufzeit je Patient) angegeben.

Szenario	Patienten pro OP-Saal	Spezialbedarf pro OP-Saal	Interaktionseffekt	
			absolute OP-Laufzeit	OP-Laufzeit pro Patient
mz_7_a	17.0	7.2	**-3% ***	**-0.09 ***
mz_6_a	19.8	8.4	-0.7%	-0.07
mz_7_v	23.9	10.5	-0.4%	-0.03
mz_6_v	27.8	12.3	**+3% ***	-0.05

* signifikante Effekte (5% Signifikanzniveau)

Tabelle 14.1: Interaktionseffekt bei zunehmendem Ressourcenengpass

Anhand der absoluten OP-Laufzeit zeigt sich deutlich, dass der „absolute" Interaktionseffekt bei steigendem Ressourcenengpass und steigendem Transportaufwand sinkt und sich mit einem veränderten Patientenmix und steigenden Patientenzahlen umkehrt. Während er bei der Variante mz_7_a noch zu einer signifikanten Verkürzung der OP-Laufzeiten um -3% führt, bewirkt er bei einem hohen Ressourcenengpass in mz_6_v hingegen signifikant längere OP-Laufzeiten um +3%. Auch der relative Interaktionseffekt wird mit zunehmendem Ressourcenengpass und steigendem Transportaufwand schwächer.

Jedoch ist in keinem Fall die Grenze erreicht, in der die Vorteile aus einem Einsatz mobiler Geräte durch den gestiegenen Transportaufwand nivelliert werden. Nach dem relativen Interaktionseffekt zeigt sich in jedem Fall eine Verkürzung der OP-Laufzeiten je Patient. Der Einsatz mobiler Geräte in Kombination mit einer Zentralisierung führt also durchgängig zu positiven Effekten in der OP-Laufzeit pro Patient. Obwohl die OP-Laufzeiten pro Patient also nicht steigen, sondern tendenziell sogar sinken, treten dennoch steigende absolute OP-Laufzeiten auf.

Dieser Widerspruch lässt sich aus Wechselwirkungen mit anderen, ablauforganisatorischen Gestaltungsparametern erklären. Tatsächlich sinken die OP-Laufzeiten pro Patient bei einer Kombination der Zentralisierung mit mobilen Geräten geringfügig. Durch diese Zeitersparnis ist es gelegentlich möglich, noch vor dem regulären OP-Ende um 16:00 Uhr einen weiteren Patienten abzurufen und im Überstundebereich zu behandeln. Ohne diesen Interaktionseffekt - z.B. bei einer reinen Zentralisierung - würde der Abrufzeitpunkt nach 16:00 Uhr liegen und die Behandlung würde auf den nächsten Tag verschoben. Dieser Effekt führt bei der kombinierten Variante mz zwar zu einem leicht erhöhten Patientendurchsatz, der aber nicht signifikant ausfällt (vgl. Markierung 1 in Abbildung 14.2(a)). Durch die langen Behandlungsdauern von etwa drei bis vier Stunden im Überstundenbetrieb verursachen diese Fälle jedoch signifikant steigende absolute OP-Laufzeiten.

An dieser Stelle zeigt sich, dass die Wirkung aufbauorganisatorischer Gestaltungsparameter auch von Interdependenzen zu ablauforganisatorischen Parametern abhängt. In einem OP-Betrieb, bei dem der letzte Abruf nicht um 16:00 Uhr erfolgt - sondern z.B. die Vorgabe gilt, dass alle noch wartenden Patienten behandelt werden müssen - würde sich der Interaktionseffekt auch in den absoluten OP-Laufzeiten vorteilhaft auswirken. Es liegen also komplexe Wechselwirkungen im Zusammenspiel aller Gestaltungsparameter vor. Dies verdeutlicht noch einmal, wie wichtig die Offenlegung der Annahmen zu allen Gestaltungsparametern ist, um die Übertragbarkeit der Ergebnisse zu beurteilen.

In Bezug auf die **Prozess- und Anpassungseffizienz** zeigen die Befunde keine signifikanten Effekte aus einer Interaktion der Ressourcenmobilität und des Zentralisierungsgrades. Dies bestätigt den Befund aus der Partialanalyse zur Ressourcenmobilität. Eine Variation der Ressourcenmobilität wirkt sich weder bei einer dezentralen, noch bei einer zentralen Organisation auf die Prozess- und Anpassungseffizienz aus. Eine signifikante Änderung im Patientendurchsatz kann demnach nur über eine Variation des Zentralisierungsgrades erreicht werden.

Kapitel 15

Diskussion und Empfehlungen für grundlegende, aufbauorganisatorische Gestaltungsparameter

15.1 Limitationen

Eine Übertragung der Ergebnisse auf individuelle, krankenhausspezifische Situationen hat Limitationen der Studie zu berücksichtigen. Bereits in den Abschnitten 2.2 und 10.5 wurden Prämissen und Eingrenzungen durch die Fokussierung von Krankenhäusern mit Versorgungsauftrag sowie durch die Modellierung primärer Wertschöpfungsprozesse erörtert. An dieser Stelle sei zudem auf Limitationen aus dem Studiendesign hingewiesen.

- **Dichotome und diskrete Gestaltungsvariablen**
  Das gewählte Studiendesign beinhaltet idealtypische, realitätsnahe OP-Organisationen. Dabei werden der Zentralisierungsgrad der OP-Organisation und die Ressourcenmobilität jeweils anhand zwei diskreter Ausprägungen betrachtet. Diese stellen die Rein- bzw. Extremformen dieser Gestaltungsgrößen dar („zentrale vs dezentrale OP-Organisation" und „fixe vs mobile Geräte"). OP-Organisationen können jedoch eine mehr oder weniger starke Mischung dieser Reinformen sein. So kann die Ressourcenmobilität z.B. nur für einen Teil der Spezialgeräte gegeben sein, während ein anderer Teil weiterhin fix installiert ist. Gleiches gilt für den Zentralisierungsgrad der OP-Organisation. Dezentrale Fachbereiche können sich z.B. nur bei Notfällen gemeinsam koordinieren oder es können einzelne OP-Säle eines OP-Bereiches an bestimmten Tagen einer anderen Disziplin überlassen werden.

- **Varianztheoretische Betrachtung ohne den Faktor „Zeit"**
  Das varianztheoretische Studiendesign betrachtet die Wirkungszusammenhänge zwischen den Gestaltungsparametern der OP-Organsiation als statisch (Soh und Markus 1995; Markus und Robey 1988). Es werden nur zwei mögliche Varianten für eine Veränderung des Patientenmixes untersucht. Eine dynamische Veränderung der Wirkungszusammenhänge im Zeitablauf bleibt unberücksichtigt. Dies könnte der Fall sein, wenn sich Änderungen in weiteren Gestaltungsparametern ergeben, beispielsweise bei einer Anpassung von Prozessabläufen oder Koordinationsregeln.

- **Verallgemeinerbarkeit der Prozesscharakteristika**
  Da die Prozesscharakteristika in einem Universitätsklinikum erhoben wurden, beinhalten die verwendeten Zeitdauern einen „Ausbildungsfaktor", welcher die einzelnen Aktivitätsdauern tendenziell verlängert (vgl. Abschnitt 10.2.4). In Krankenhäusern ohne Lehrauftrag liegt dieser Effekt nicht oder nicht in diesem Ausmaß vor.

- **Keine Kostenanalyse**
  Die OP-Effizienz wird an nicht-monetären Größen gemessen. So wird der Umfang der Ressourcenvorhaltung nach Art und Anzahl der Ressourcen bestimmt und der Überstundenbedarf als relativer Anteil der OP-Laufzeit. Für eine darauf aufbauende Kostenanalyse sind krankenhausindividuelle Aspekte zu berücksichtigen, wie z.B. lokale Kostenrelationen zwischen den einzelnen Ressourcen oder die Bedeutung der Investitionskosten abhängig davon, ob es sich um einen OP-Neubau oder bereits vorhandene OP-Räumlichkeiten handelt (vgl. Abschnitt 8.4).

- **Invarianz der Einplanungsregel**
  Veränderungen im Zentralisierungsgrad der OP-Organisation und der Ressourcenmobilität werden in Bezug auf eine konstante Einplanungsregel getestet. Hier besteht eine Vielzahl alternativ möglicher Planungsverfahren (vgl. Abschnitt 9.2.6), welche die Wirkung anderer Gestaltungsgrößen potentiell beeinflussen können.

- **Keine Berücksichtigung der OP-Konfiguration**
  Diese Studie basiert auf einem klassischen OP-Layout (vgl. Abschnitt 9.2.2). Abhängigkeiten, die aus der OP-Konfiguration resultieren, können bei einer alternativen Raumgestaltung variieren. Hieraus können Wechselwirkungen mit den in dieser Studie evaluierten Gestaltungsgrößen auftreten.

Die umfangreiche Offenlegung der Prämissen der Studie (vgl. Abschnitt 11) erlaubt es jedoch, die Simulationsergebnisse im Kontext der gewählten OP-Organisation zu beurteilen. Dies ermöglicht es, Abweichungen in einer individuellen Situation zu erkennen und die Übertragbarkeit der Ergebnisse abzuschätzen.

Zudem gewährleisten die Einschränkungen im Studiendesign eine ceteris paribus Betrachtung des Zentralisierungsgrades und der Ressourcenmobilität. So ist es möglich die

Wirkungsrichtung dieser Parameter zu separieren, die Größenordnung ihres Verbesserungspotentials abzuschätzen und Gestaltungsempfehlungen abzuleiten. Im Folgenden werden die generalisierbaren Aussagen aus der Studie und die Empfehlungen zur Ausgestaltung von OP-Organisationen genauer erörtert.

15.2 Gesamtbetrachtung

Empfehlungen zur Ausgestaltung einer OP-Organisation sind unter Berücksichtigung verschiedener Zielkriterien, inklusive der Ressourcenvorhaltung abzugeben (vgl. Abschnitt 8.4). Dazu werden die verschiedenen Gestaltungsvarianten sequentiell - entlang der Anpassungseffizienz, der Ressourcenvorhaltung und der relativen OP-Effizienz - in eine kardinale Rangfolge gebracht (vgl. Tabelle 15.1).

Erste Priorität erhält die Anpassungseffizienz, da sie notwendig ist, um den Versorgungsauftrag zu erfüllen. Die Anpassungseffizienz hat nur zwei Ausprägungen, Rang 1 und 2. Den Rang 1 belegen die Varianten, in denen die Versorgung der Patienten in jedem Fall gegeben ist - sowohl für ein aktuelles als auch verändertes Patientenaufkommen. In den Varianten mit Rang 2 ist diese Versorgung bei knappen Ressourcen und einem veränderten Patientenmix nicht sichergestellt.

Zweite Priorität erhält der Umfang der Ressourcenvorhaltung. Aufgrund des Kostendruckes in der Leistungserbringung und entsprechend dem ökonomischen Prinzip, ist es das Ziel, das anfallende Patientenaufkommen mit möglichst geringer Ressourcenvorhaltung zu versorgen. Die Ränge der Ressourcenvorhaltung richten sich nach steigendem Aufwand für die Bereitstellung der Ressourcen - wie in Tabelle 11.1 in Abschnitt 11.2 ermittelt.

Dritte Priorität erhält die Effizienz der Ressourcennutzung. Sie wird anhand der relativen OP-Effizienz (OP-Laufzeit pro Patient) betrachtet, welche die Ressourcen- und Prozesseffizienz in Relation zueinander setzt. Die Rangfolge für die relative OP-Effizienz wird nach aufsteigender OP-Laufzeit je Patient ermittelt. Diese Rangfolge gilt sowohl für den aktuellen als auch für einen veränderten Patientenmix (vgl. Abbildung 17.13 im Anhang 17.16).

Bei einer sequentiellen Ordnung der drei Zielkriterien - mit einem Vorrang der Anpassungseffizienz vor der Ressourceneffizienz und der relativen OP-Effizienz - ergibt sich die in Tabelle 15.1 dargestellte Rangfolge.

Die Varianten mit einer dezentralen Organisation und nur sechs OP-Sälen *md_6* und *fd_6* belegen die letzten Plätze und sind auszuschließen, da sie die Forderung der Anpassungseffizienz nicht erfüllen. Darüber hinaus liegen die Varianten mit einer zentralen OP-Organisation immer vor denen mit einer dezentralen Organisation und sind daher vorzuziehen. Für eine minimale Ressourcenvorhaltung sind sechs OP-Säle *mz_6* und *fz_6*

Option	Anpassungs-effizienz	Ressourcen-vorhaltung	relative OP-Effizienz
mz_6	1	1	5
fz_6	1	2	6
mz_7	1	5	1
fz_7	1	6	2
md_7	1	7	3
fd_7	1	8	4
md_6	2	3	7
fd_6	2	4	8

Tabelle 15.1: Rangfolge nach sequentieller Ordnung der Zielkriterien

ausreichend und eine mobile Gerätevorhaltung mz_6 empfiehlt sich um zusätzliche Einsparungen in der OP-Ausstattung zu erreichen. Mit den gewählten Prioritäten in den Zielkriterien wäre in der betrachteten Situation eine zentrale Organisationsform mit mobilen Geräten und nur sechs OP-Sälen zu empfehlen.

Bei den ersten beiden Varianten mz_6 und fz_6 mit sechs OP-Sälen müssen jedoch Abstriche in der OP-Effizienz gemacht werden, z.B. durch steigende OP-Laufzeiten und Überstundenbedarf. Zudem ist der Nutzen aus dem Einsatz mobiler Geräte von situationsspezifischen Faktoren abhängig, wie die Interaktionsanalyse gezeigt hat. Im Folgenden werden daher die Empfehlungen zu den grundlegenden Gestaltungsparametern detailliert betrachtet und ihre Übertragbarkeit kritisch beurteilt.

15.3   Empfehlungen zum Zentralisierungsgrad

Die Zentralisierung der OP-Organisation stellt eine wirkungsvolle Maßnahme zur Verbesserung der OP-Effizienz dar. Über den Gestaltungsparameter „Zentralisierungsgrad der OP-Organisation" können die Prozess- und die Ressourceneffizienz sowie die Anpassungseffizienz signifikant verändert werden.

Unabhängig von der Ressourcenmobilität, d.h. sowohl bei mobiler, als auch bei fixer OP-Ausstattung führt eine zentrale OP-Organisation zu einer Verbesserung gegenüber der dezentralen Variante. Der Gestaltungsparameter des Zentralisierungsgrades erweist sich somit als wenig abhängig von situationsspezifischen Parametern.

Die Auswirkungen einer Zentralisierung auf den Patientendurchsatz und die Anpassungseffizienz sind so stark, dass diese Maßnahme bei einem steigenden Patientenaufkommen sogar als Alternative zu einer Erhöhung der Kapazitäten, d.h. der Ressourcenvorhaltung zu sehen ist.

Eine Umgestaltung der OP-Organisation stellt aufgrund der gewachsenen Organisationsstrukturen in Krankenhäusern häufig eine starke Herausforderung dar und erfordert eine Kooperation interdisziplinärer Fachbereiche und unterschiedlicher Berufsgruppen. Der Zentralisierungsgrad hat jedoch einen weitreichenden Einfluss auf Kapazitätsengpässe und konnte in der durchgeführten Studie die Vorhaltung eines OP-Saals - inklusive des zusätzlichen Personals - ausgleichen. Trotz der Umsetzungsschwierigkeiten ist daher aus übergeordneter Sicht eine aktive, zielgerichtete Ausgestaltung des Zentralisierungsgrades der OP-Organisation zu empfehlen.

Wichtig ist dabei, die Zentralisierung der OP-Organisation stringent umzusetzen. Um das in der Studie beobachtete Potential einer Zentralisierung der OP-Organisation auszuschöpfen, ist eine gemeinsame OP-Planung und Koordination umzusetzen. Häufig wird nur eine rein räumliche Zentralisierung in einem „Zentral-OP" vorgenommen. Die OP-Kapazität wird vorab über Blockzeiten oder Saalzuordnungen auf verschiedene Disziplinen und Fachbereiche aufgeteilt. Die Fachbereiche planen dann in den zugeteilten Zeiten unabhängig voneinander ihr jeweiliges Tagesprogramm. Dies entspricht jedoch nicht einer Zentralisierung der OP-Organisation und kann den Nutzen der Zentralisierung wesentlich verringern.

15.4 Empfehlungen zur Ressourcenmobilität

Der Einfluss der Ressourcenmobilität zeigt sich im Vergleich zum Zentralisierungsgrad als wesentlich schwächer. Die Prozess- und Anpassungseffizienz können über die Ressourcenmobilität nicht signifikant beeinflusst werden. Sie macht sich lediglich in der Ressourceneffizienz bemerkbar. Zudem ist der Einfluss der Ressourcenmobilität stark abhängig von Wechselwirkungen mit anderen Gestaltungsparametern. Empfehlungen zur Ausgestaltung der Ressourcenmobilität müssen daher differenziert betrachtet werden.

Kleine, dezentrale OP-Bereiche (bis vier OP-Säle, wie in dieser Studie getestet) profitieren von einer Erhöhung der Ressourcenmobilität, d.h. durch den Einsatz mobiler Geräte. Die OP-Laufzeiten können signifikant gesenkt werden und einen Überstundenbetrieb vermeiden. Dies gilt auch bei steigendem Patientenaufkommen und Transportbedarf. Für kleine, dezentrale OP-Bereiche kann eine Erhöhung der Ressourcenmobilität empfohlen werden. Sie ermöglicht trotz des zusätzlichen Transportaufwandes Flexibilitätspotentiale, die im OP-Betrieb vorteilhaft genutzt werden können.

Zentrale OP-Organisationen mit größeren OP-Bereichen (ab sechs OP-Säle) profitieren hingegen nicht immer von einer höheren Ressourcenmobilität. Der Nutzen, d.h. die Senkung der OP-Laufzeiten fällt hier wesentlich geringer aus. Mit steigendem Ressourcenengpass und Transportaufwand schwächt sich der Effekt zudem ab und kann sich - abhängig von weiteren ablauforganisatorischen Gestaltungsparametern (wie z.b. der regulären OP-Laufzeit, oder dem Zeitpunkt für den letzten Patientenabruf) - sogar nachteilig auswirken.

Die kritische Grenze, an welcher der Transportaufwand die Vorteile eines mobilen Geräteeinsatzes übersteigt, konnte für einen Acht-Stunden OP-Betrieb in der Situation mit einer zentralen OP-Koordination und einer OP-Bereichsgröße von sechs bis sieben OP-Sälen identifiziert werden. Hier nivelliert sich der Interaktioneffekt bei steigendem Patientenaufkommen und Transportbedarf.

Aus den vorgenannten Gründen kann für zentrale OP-Organisationen mit OP-Bereichsgrößen von sechs bis sieben OP-Sälen eine Erhöhung der Ressourcenmobilität weder pauschal empfohlen noch abgelehnt werden. Da der Interaktionseffekt mit einer mobilen OP-Ausstattung bei steigendem Ressourcenengpass geringer ausfällt, ist eine situationsspezifische Analyse notwendig, um die Vorteile aus dem Einsatz mobiler Geräte zu beurteilen.

Insgesamt muss nach den Ergebnissen der Wirkungsanalyse der Trend zur Mobilisierung der OP-Ausstattung in bestimmten Situationen kritisch gesehen werden. Obwohl der technische Fortschritt zunehmend auch den Einsatz mobiler Großgeräte ermöglicht, empfiehlt sich für die OP-Planung und Steuerung eine restriktive Nutzung dieser Möglichkeiten. Dies könnte z.b. über eine Bildung von „Standard-OP-Sälen" erfolgen (Denz et al. 2008), in denen die Geräte im Regelfall in bestimmten OP-Sälen stationiert sind. In Notfall- oder Ausnahmesituationen kann jedoch auch von einer mobilen Umrüstung der OP-Säle Gebrauch gemacht werden.

15.5 Bewertung der Hypothesen zur Wirkung grundlegender Parameter der Organisationsgestaltung

Im folgenden Abschnitt wird überprüft, ob die Ergebnisse zur Wirkung der Zentralisierung der OP-Organisation und der Ressourcenmobilität die in Abschnitt 7 aufgestellten Hypothesen bestätigen. Darüber hinaus wird untersucht, inwieweit sich ein organisationstheoretischer Beitrag in Form von Aussagen zur Wirkungsrichtung grundlegender Gestaltungsparameter ableiten lässt.

- **Hypothese 1:** Je höher die Zentralisierung der OP-Organisation, desto effizienter ist der OP-Betrieb.
  Hypothese 1 konnte bestätigt werden.

Eine Zentralisierung der OP-Organisation führt in jedem betrachteten Fall zu einer deutlichen Verbesserung der Effizienz des OP-Betriebes (vgl. Abschnitt 13.2.1). Die Wirkung dieses Gestaltungsparameters hat zudem einen sehr starken Kapazitätseffekt, der einer Erhöhung der Kapazitäten, d.h. einer Erhöhung der Ressourcenvorhaltung, gleichkommt.

- **Hypothese 2:** Je flexibler der Einsatz spezieller Ressourcen, desto effizienter ist der OP-Betrieb.
  Hypothesen 2 konnte nur in Einzelfällen bestätigt werden.

Hypothese 2 konnte nur für dezentrale OP-Organisationen und bei dem aktuellen Patientenaufkommen bestätigt werden (vgl. Abschnitt 13.1.1). Hier zeigt sich ein positiver Effekt aus dem Einsatz mobiler Ressourcen, der bei dem aktuellen Patientenaufkommen zu signifikant sinkenden OP-Laufzeiten führt.

Bei einem veränderten Patientenaufkommen, mit steigenden Patientenzahlen und höherem Spezialgerätebedarf hingegen ergibt sich keine Verbesserung der OP-Effizienz mehr. Dies deutet auf versteckte Wirkungszusammenhänge aus der Ressourcenmobilität und dem Patientenaufkommen hin.

Bereits in Abschnitt 14.2 zeigte sich, dass die Effekte aus dem Einsatz mobiler Ressourcen erst im Kontext zusätzlicher Informationen nachvollziehbar werden. Relevante Einflussgrößen ergaben sich hierbei aus dem Transportaufwand für mobile Geräte und dem Spezialgerätebedarf des Patientenaufkommens. Die verschiedenen Ausprägungen dieser Größen sind in Tabelle 15.2 noch einmal zusammenfassend dargestellt. Hier zeigt sich bei einer Erhöhung der Ressourcenmobilität ein Ansteigen des Transportaufwandes (Zeilen 1 und 2 vs Zeilen 3 und 4). Die Höhe des anfallenden Transportaufwandes wird zusätzlich durch den Spezialgerätebedarf des Patientengutes beeinflusst (Zeile 3 vs 4).

Zeile	Ressurcen-mobilität (0 = fixe Geräte 1 = mobile Geräte)	Transport-aufwand (Transporte je OP-Saal)	Spezialgeräte-bedarf (pro Woche)	Patienten-portfolio
1	0	0	50,4	aktuell
2	0	0	73,8	verändert
3	1	8,4	50,4	aktuell
4	1	12,3	73,8	verändert

Tabelle 15.2: Kontextinformationen zum Transportaufwand und Spezialgerätebedarf

Aus dieser Sicht wird deutlich, dass die Ressourcenmobilität nicht nur Flexibilitätsvorteile im OP-Betrieb mit sich bringt, sondern auch spürbaren Aufwend - nämlich Transportzeiten für mobile Geräte. Für die Wirkung der Ressourcenmobilität lässt sich entsprechend eine weitere Hypothese formulieren:

- Hypothese 3: Je höher die Ressourcenmobilität, desto höher der Transportaufwand.

Bei der Umrüstung der OP-Säle fallen diese Transportzeiten als zusätzliche Aktivitäten an und verlängern die Zeit, bis ein OP-Saal einsatzbereit ist. Je nach Umfang des Transportaufwandes kann auch die tägliche OP-Laufzeit ansteigen, die notwendig ist, um das gesamte OP-Programm abzuarbeiten. Der zusätzliche Transportaufwand aus dem Einsatz mobiler Ressourcen führt zu negativen Auswirkungen auf die OP-Effizienz und kann die Vorteile aus der flexibleren Einsetzbarkeit mobiler Ressourcen nivellieren. Für die Wirkung des Transportaufwandes lässt sich folgende Hypothese ableiten:

- Hypothese 4: Je höher der Transportaufwand, desto weniger effizient der OP-Betrieb.

Der Transportaufwand wird jedoch nicht ausschließlich von der Ressourcenmobilität determiniert. Wie hoch der Transportaufwand ausfällt hängt zudem vom Spezialgerätebedarf des Patientenportfolios ab. So zeigt sich, dass der Transportaufwand für mobile Geräte höher ausfällt wenn der Spezialgerätebedarf der Patienten steigt:

- Hypothese 5: Je höher der Spezialgerätebedarf, umso mehr führt Ressourcenmobilität zu höherem Transportaufwand.

Abbildung 15.1 stellt das erweiterte Hypothesenmodell noch einmal graphisch dar.

15.6 Einordnung der Ergebnisse in die Literatur

Aus dem in Abschnitt 6.2 festgestellten Forschungsbedarf ergaben sich Ziele für diese Arbeit, die sowohl einen praktischen als auch einen theoretischen Beitrag verfolgen. Die Aspekte der Modellierung und Validierung der OP-Modelle sowie die Untersuchung grundlegender Gestaltungsgrößen der OP-Organisation fokussierten einen praktischen Beitrag mit generalisierbaren Erkenntnissen für die Gestaltung von OP-Organisationen. Der organisationstheoretische Beitrag wurde durch die Erstellung und Überprüfung von Hypothesen zur Wirkung grundlegender organisatorischer Gestaltungsparameter adressiert. Der Forschungsbeitrag dieser Arbeit zu den einzelnen Aspekten lässt sich wie folgt zusammenfassen:

Praxeologischer Beitrag

- Detailierungsgrad der OP-Modelle:
  Es wurde ein OP-Prozessmodell entwickelt, dessen Modellierungstiefe die Trennung von Aktivitäts- und Wartezeiten erlaubt. Erst so können organisatorische Ineffizienzen transparent gemacht werden und in Simulationsstudien zur OP-Organisationsgestaltung verbessert werden.

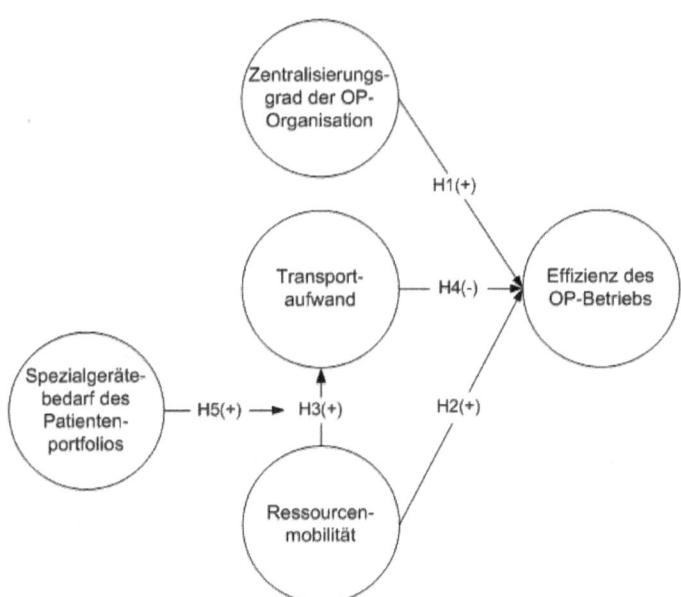

Abbildung 15.1: Darstellung der erweiterten Hypothesen

- Validierung:

  Das verfeinerte OP-Modell wurde umfangreich validiert. Es ist in der Lage einen real beobachteten OP-Betrieb - mit signifikanter Konfidenz - korrekt abzubilden. Im Gegensatz zu bestehenden Veröffentlichungen wurde in dieser Arbeit auch das Modellverhalten validiert.

  Darüber hinaus wurde gezeigt, dass eine abstrakte Modellierung der OP-Prozesse („Black-Box-Phasen") die Evaluation von Gestaltungsalternativen verzerrt. Um in der OP-Organisationsgestaltung eine valide Entscheidungsgrundlage zu schaffen, ist ein höherer Detaillierungsgrad notwendig.

- Evaluation der Ergebnisse:

  Die Simulationsergebnisse wurden in Form von Box-Plots dargestellt. Diese ermöglichen - über die Angabe von Mittelwerten hinaus - einen Eindruck über die Verteilung der Ergebnisse. Zudem ermöglichen sie es, signifikante Differenzen zwischen den Ergebnissen unterschiedlicher Gestaltungsvarianten zu bestimmen. Zufällige Abweichungen, welche nicht auf den Einfluss eines Gestaltungsparameters zurückzuführen sind, konnten bei der Beurteilung entsprechend erkannt werden.

- Grundlegende aufbauorganisatorische Gestaltungsparameter:

  Mit dem Zentralisierungsgrad der OP-Organisation und dem Grad der Ressourcenmobilität (in diesem Fall der Einsatz mobiler oder fixer Spezialgeräte) wurden grundlegende Gestaltungsparameter der Organisationsstruktur untersucht. Diese adressieren - im Gegensatz zu bestehenden Arbeiten - organisationsweite Fragestellungen, welche über ablauforganisatorische Fragestellungen in einzelnen Abteilungen und OP-Bereichen hinaus gehen.

- Generalisierbarkeit:

  Die Prämissen und Input-Parameter der Simulationsstudie wurden offen gelegt, so dass die Übertragbarkeit der Ergebnisse auf andere Situationen eingeschätzt werden kann. Zudem wurden nicht einzelne, situationsspezifische Handlungsalternativen untersucht, sondern es wurde ein strukturiertes Studiendesign entworfen mit dem die generelle Wirkungsrichtung der betrachteten Gestaltungsparameter evaluiert werden konnte.

Organisationstheoretischer Beitrag

- Bildung und Überprüfung von Hypothesen

  Die in anderen Bereichen (Malone 1987; Kumar et al. 1993) beobachteten positiven Effekte einer Zentralisierung konnten auch für das Umfeld der OP-Organisation festgestellt und bestätigt werden. Eine Zentralisierung der OP-Organisation ermöglicht geringere Produktionskosten durch die Vermeidung einer redundanten Ressourcenvorhaltung. Auch der von Malone (1987) postulierte geringere Anpassungsaufwand in funktional zentralisierten Strukturen spiegelte sich in der höheren Anpasseffizienz bei einer Zentralisierung der OP-Organisation wider.

Für eine erhöhte Ressourcenmobilität konnte ein positiver Einfluss auf die OP-Effizienz beobachtet werden. Es zeigte sich jedoch auch eine spürbare negative Wirkung aus dem anfallenden Transportaufwand. Mit den Befunden aus den Studienergebnissen konnte das Hypothesenmodell entsprechend um die Einflüsse aus dem Transportaufwand und dem Spezialgerätebedarf erweitert werden.

Die Kombination beider Parameter, d.h. eine Kombination der Zentralisierung mit dem zusätzlichen Einsatz mobiler Ressourcen, ergab nur eine marginale Verbesserung der OP-Effizienz. Dieser Effekt ist jedoch so schwach, dass er durch ablauforganisatorische Parameter überlagert wird und erst bei der Betrachtung feinerer Zielgrößen erkennbar ist. Dies bestätigt die Abhängigkeit der strukturellen Effekte von den betrachteten Zielgrößen, wie von Kumar et al. (1993) thematisiert.

Teil V

Zusammenfassung und Ausblick

Kapitel 16

Zusammenfassung

Die Motivation der Arbeit ergab sich aus aktuellen Problemen in der operativen Leistungsversorgung, wie z.b. häufige OP-Absagen, Verschiebungen und ungleichmäßige Kapazitätsauslastungen. Aufgrund dieser Symptome und Ineffizienzen galt es, die gewachsenen Strukturen in der OP-Organisation kritisch zu hinterfragen. Hierbei wurde Forschungsbedarf zur Untersuchung grundlegender Parameter und fachbereichsübergreifender Ansätze der OP-Organisation festgestellt.

Ziel der Arbeit war es, entsprechende Aussagen zur Wirkung grundlegender Gestaltungsparameter in der OP-Organisation zu erarbeiten, um darauf aufbauend Empfehlungen zur Gestaltung von OP-Organisationen ableiten zu können. Dabei sollte der Stand der Forschung bezüglich der Modellierung und Validierung von OP-Modellen, der Untersuchung grundlegender Gestaltungsparameter und um einen organisationstheoretischen Beitrag ergänzt werden.

Um die Frage nach der Wirkung grundlegender Gestaltungsparameter fundiert beantworten zu können, wurde zunächst ein Bezugsrahmen für eine Simulationsstudie entwickelt. Dieser enthält den hypothesengeleiteten Rahmen der Simulationsstudie. Zudem wurde spezifiziert, welche Annahmen einer Simulationsstudie zur OP-Organisation offen zu legen sind, so dass diese ex post auch für Außenstehende nachvollziehbar ist. Diese inhärenten Prämissen wurden in die Aspekte Zielgrößen und Gestaltungsparameter der OP-Organisationsgestaltung sowie das OP-Referenzmodell untergliedert.

Die Zielgrößen sind so gewählt, dass verschiedene Effizienzkriterien berücksichtigt werden. Für die Gestaltungsparameter wurde, aufbauend auf bestehenden Veröffentlichungen und eigenen Feldstudien, eine Systematik für aufbau- und ablauforganisatorische Gestaltungsparameter in der OP-Organisation entwickelt. Die möglichen Ausprägungen der einzelnen Parameter wurden entsprechend vorgestellt. Bei der Spezifikation des OP-Prozessmodells zeigten sich Defizite in der bisherigen Modellierungstiefe. Um fehlerhafte Schlussfolgerungen durch eine zu abstrakte Modellierung zu vermeiden und um eine glaubwürdige, realitätsnahe Wirkungsanalyse durchführen zu können, wurde ein erweitertes OP-Referenzmodell entwickelt und validiert.

Anschließend wurde eine Wirkungsanalyse zu den Gestaltungsparametern „Zentralisierungsgrad der OP-Organisation" und „Grad der Ressourcenmobilität" durchgeführt. In den Ergebnissen der Simulationsstudie zeigte sich eine durchgängig positive Wirkung bei einer Zentralisierung der OP-Organisation, die nur geringfügig von situationsspezifischen Aspekten beeinflusst wird. Die Ressourcenmobilität hingegen wirkt sich situationsspezifisch sehr unterschiedlich aus und wird in ihrer Wirkung von der Interaktion mit dem Zentralisierungsgrad und ablauforganisatorischen Gestaltungsparametern beeinflusst.

Entsprechend kann für die Ausgestaltung grundlegender Parameter in der OP-Organisation eine Zentralisierung der OP-Organisation als wirkungsvolle Maßnahme für einen effizienten OP-Betrieb empfohlen werden. Bei Kapazitätsengpässen kann eine Zentralisierung sogar eine Alternative zu einer Erhöhung der Ressourcenvorhaltung darstellen. In Bezug auf die Ressourcenmobilität kann keine generalisierbare Empfehlung gegeben werden. Für dezentrale OP-Bereiche wurde durch den Einsatz mobiler Geräte ein positiver Effekt auf die OP-Effizienz und die Ressourcenvorhaltung festgestellt. Der Einfluss auf die OP-Effizienz sinkt jedoch mit steigendem Transportbedarf und kann sich abhängig von ablauforganisatorischen Parametern sowie den betrachteten Zielgrößen sogar negativ auswirken.

Kapitel 17

Ausblick

Die Ergebnisse zur Wirkung grundlegender Gestaltungsgrößen in der OP-Organisation zeigen das große Potential einer fachbereichsübergreifenden Ausgestaltung der OP-Organisation und können wesentlich zur Weiterentwicklung des OP-Managements beitragen. Vor diesem Hintergrund gilt es, eine OP-Zentralisierung und den Einsatz mobiler Ressourcen möglichst gut mit weiteren Gestaltungsparametern der OP-Organisation abzustimmen. Hierzu gehören z.b. Anpassungen im Regelzeitbetrieb oder in der Art der OP-Planung. Bei der Anpassung dieser Parameter kann die Simulation als Mittel zur Entscheidungsunterstützung dienen. Zum einen erlaubt sie eine valide Abbildung der komplexen Wirkungszusammenhänge und zum anderen ermöglichen Ansätze der Simulationsoptimierung eine gleichzeitige, zielgerichtete Abstimmung mehrerer aufbau- und ablauforganisatorischer Gestaltungsparameter.

Durch die Weiterentwicklung in der Modellierungstiefe können auch Auswirkungen einer veränderten Aufgabenzuordnung untersucht werden. Insbesondere im Fall eines Fachkräftemangels kann untersucht werden, inwieweit eine Umverteilung bestimmter Einzelaktivitäten auf Hilfskräfte zu einer Entlastung beitragen kann.

Im Kontext der Patientenbehandlung entstehen zudem Schnittstellen zu perioperativen Abteilungen, wie Betten- und Intensivstationen. Auch hier kann im Rahmen von Simulationsstudien abgeschätzt werden, wie gut verschiedene Maßnahmen zu einer besseren Verzahnung des OP-Managements mit den umgebenden Planungsstellen beitragen. So sind beispielsweise die Abläufe auf den Pflegestationen und im OP-Bereich so zu gestalten, dass Konfliktsituationen im Aufgabenbereich der Chirurgen vermieden werden. Die Herausforderung hierbei ist es, die Wartezeiten auf Operateure im OP-Bereich zu senken, ohne dass dies zu erhöhten Wartezeiten für die Chirurgen führt.

Für diese Problemstellungen ist die Simulation ein geeignetes Mittel zur Entscheidungsunterstützung. Sie kann eine berufsgruppenübergreifende Diskussionsgrundlage darstellen und Transparenz über Prozessabläufe verschaffen. Zudem können die Wirkungen alternativer Reorganisationsmaßnahmen objektiviert werden und zur Priorisierung unterschiedlicher Maßnahmen sowie zur Konsensfindung beitragen.

Neben weiterführenden Fragestellungen in der OP-Organisationsgestaltung selbst, implizieren die Ergebnisse dieser Arbeit jedoch noch weiteren Forschungsbedarf. Die Bildung zentraler OP-Organisationen erfordert einen steigenden Planungs- und Steuerungsaufwand. Bei Störungen im OP-Betrieb, wie z.b. Komplikationen oder Notfällen, ist eine Umplanung in Echtzeit notwendig. Dies gestaltet sich in großen OP-Bereichen, die baulich verwinkelt oder sogar räumlich getrennt sein können, schwierig. Bei Umplanungen kann der OP-Koordinator den Status der OP-Säle und freies Personal nicht ohne größeren Aufwand in Erfahrung bringen. Hier kann die Entwicklung echtzeitbasierter und ereignisgesteuerter Monitoring- und Steuerungssysteme die OP-Koordination unterstützen und zu einer Umsetzung neuer, effizienter Formen der OP-Organisation beitragen.

Teil VI

Anhang

Prozessmodell der Feldstudie

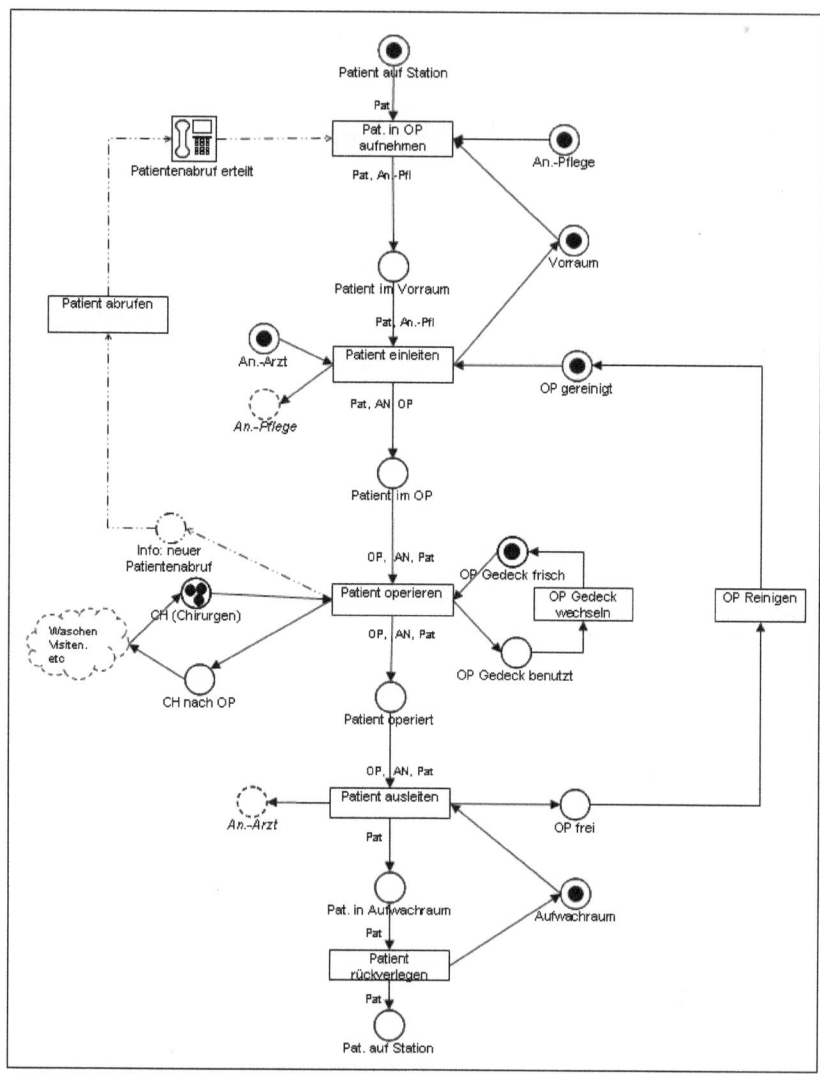

Abbildung 17.1: Überblick eines Behandlungsablaufes

Patient abrufen

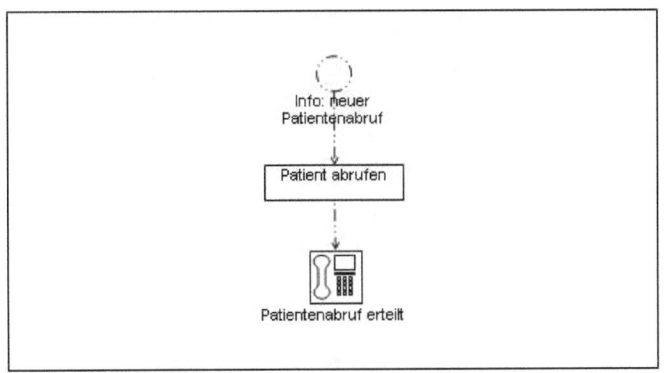

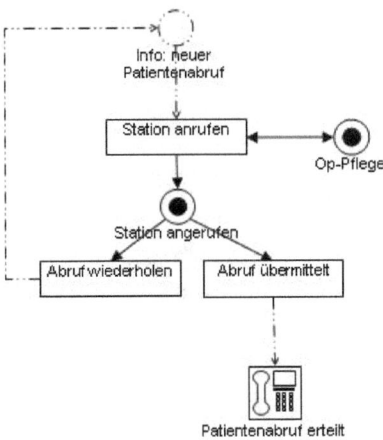

Abbildung 17.2: Einzelprozesse zum Patientenabruf

Patient in OP aufnehmen

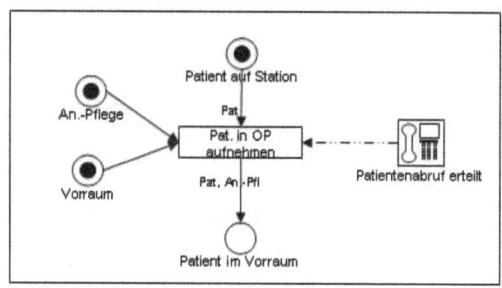

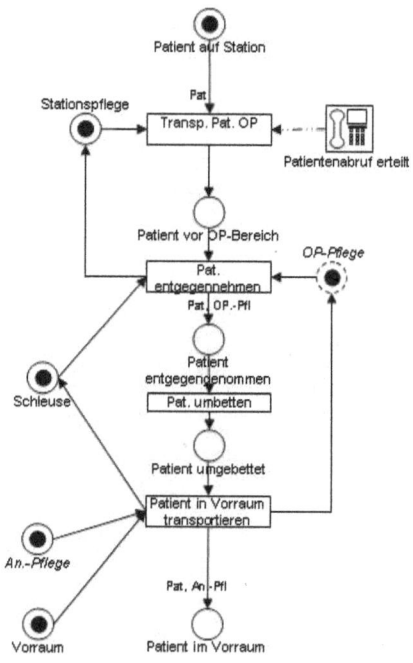

Abbildung 17.3: Einzelprozesse zum Einschleusen

Einleitung / OP-Vorbereitung

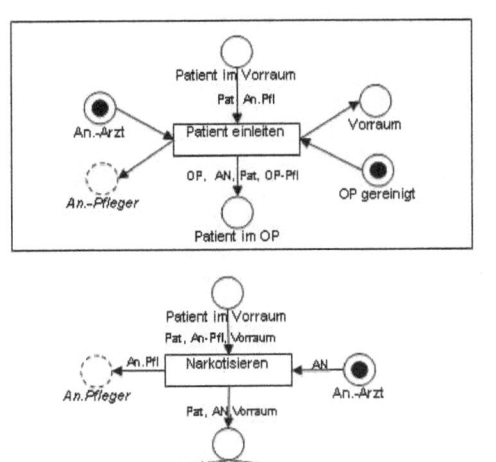

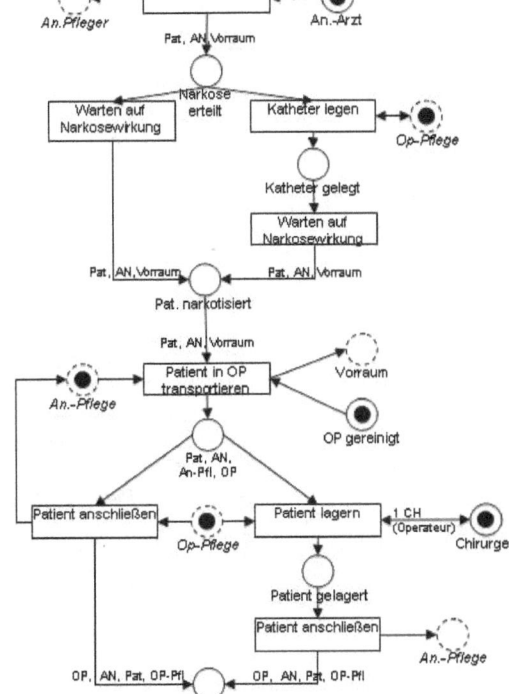

Abbildung 17.4: Einzelprozesse zum Einleiten

Operieren

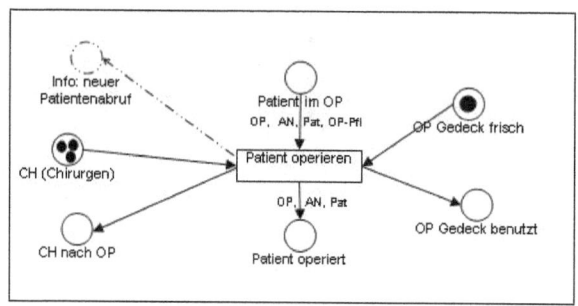

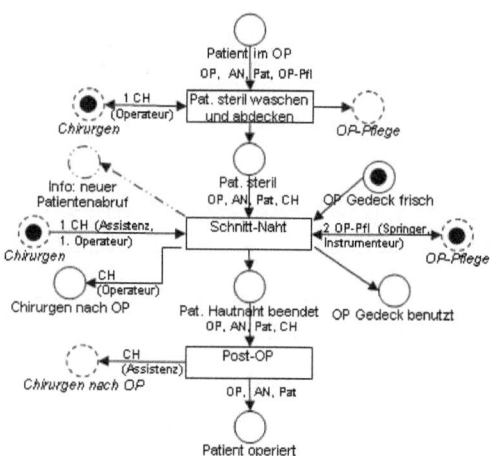

Abbildung 17.5: Einzelprozesse zum Operieren

Reinigung / Gedeck wechseln

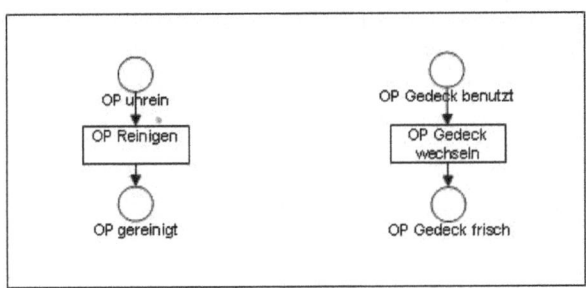

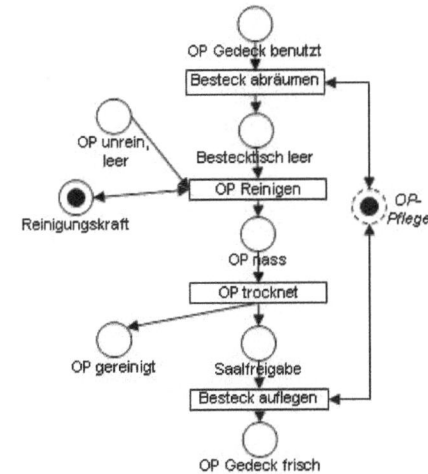

Abbildung 17.6: Einzelprozesse zur Saalreinigung

Patient Ausleiten

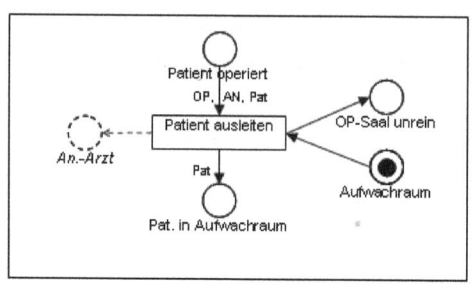

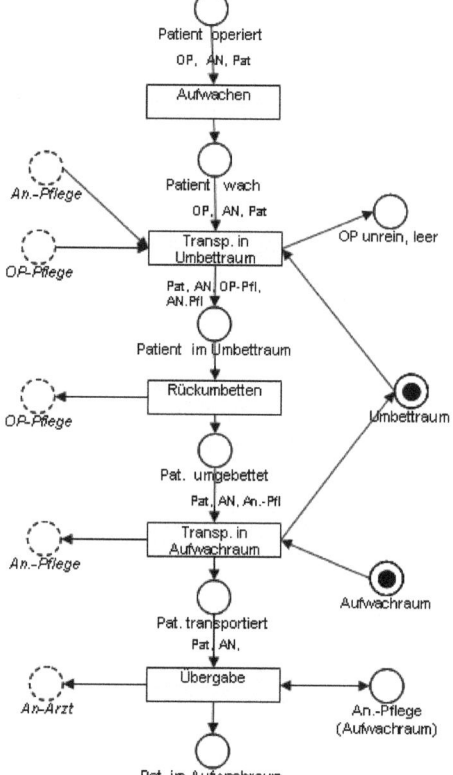

Abbildung 17.7: Einzelprozesse zum Ausleiten des Patienten

Patient Rückverlegen

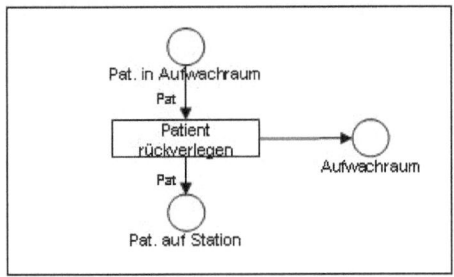

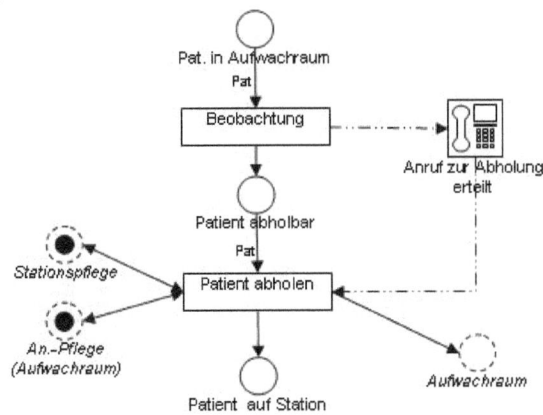

Abbildung 17.8: Einzelprozesse zur Rückverlegung

Zusammenfassung des Gesamtmodells mit seinen Parametern

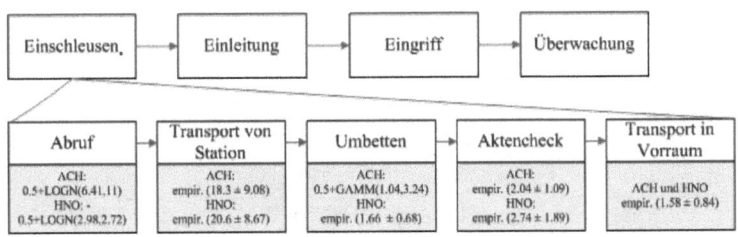

Abbildung 17.9: Teilprozess „Einschleusen" mit Parametern

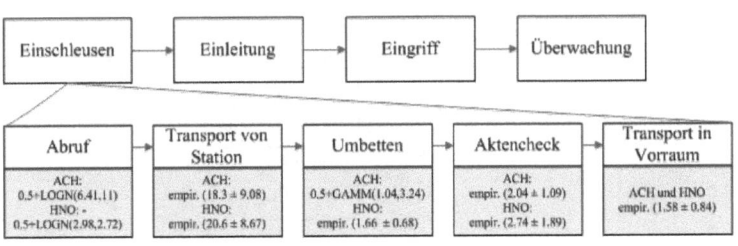

Abbildung 17.10: Teilprozess „Einleitung" mit Parametern

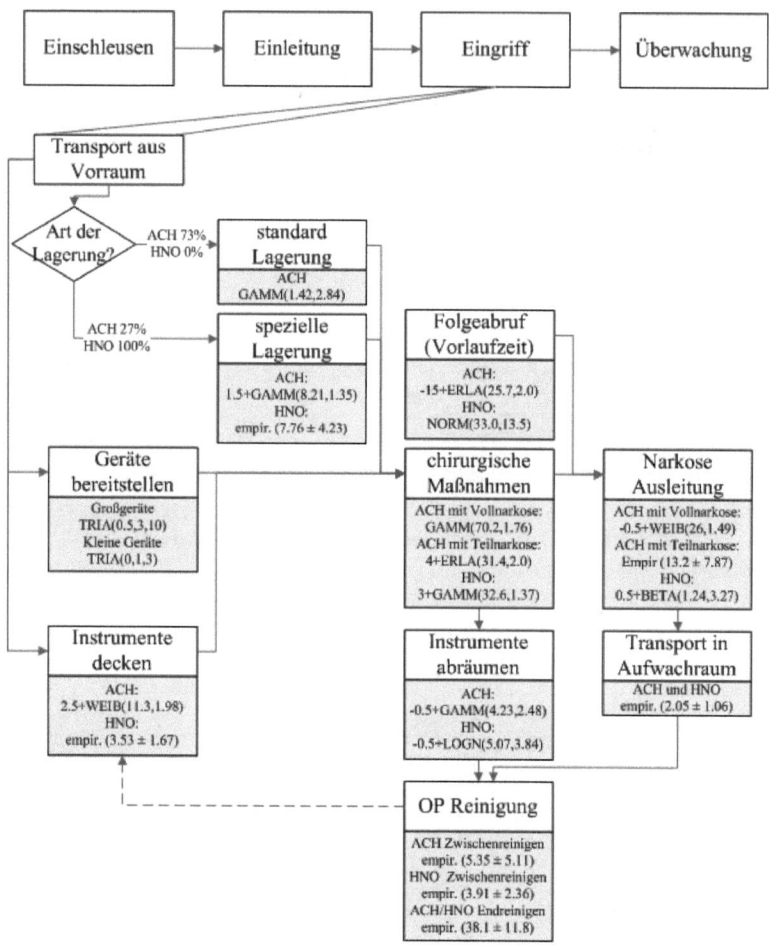

Abbildung 17.11: Teilprozess „Eingriff" mit Parametern

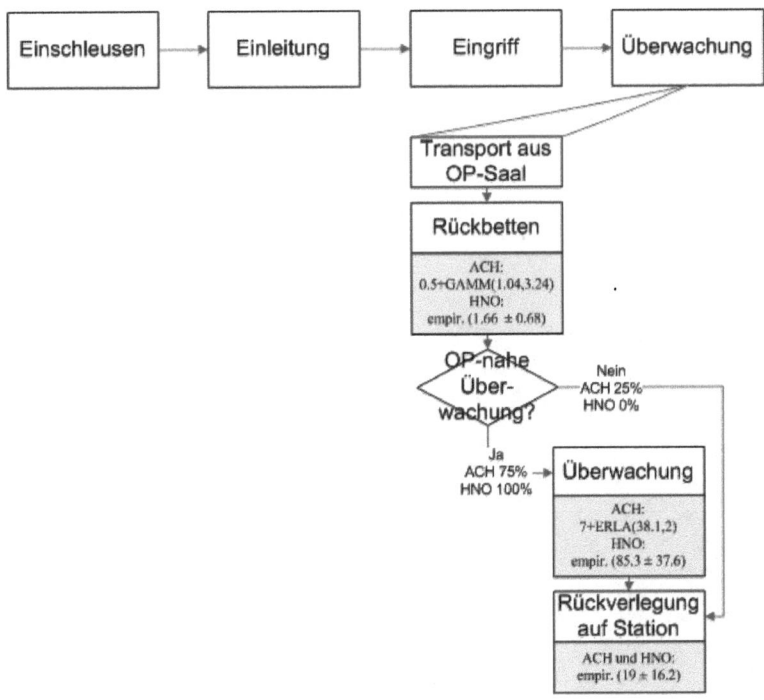

Abbildung 17.12: Teilprozess „Überwachung" mit Parametern

Quantitative Spezifikation des einfachen Prozessmodells

Das einfache Prozessmodell der ACH besteht nur aus den vier Teilprozessen „Einschleusen", „Einleiten", „Eingriff" und „Überwachung", sowie dem angepassten Abrufvorlauf. Diese Zeiten sind in Abschnitt 10.4 definiert. Im Folgenden werden die empirisch beobachteten Verteilungen dieser Teilprozesse dargestellt. Analog zum Prozessmodell der Feldstudie werden auch hier theoretische Verteilungen verwendet, sofern eine Approximation möglich ist.

- Einschleusen: MW 30.2 , SD 11.7 , MN 5 , MX 38, N=725

- Einleiten: MW 33.6, SD 25.5 , MN 0, MX 163, N=722

- Eingriff: MW 160, SD 88.6, MN 28, MX 509, N=726
  theoret. Approx.: 28+ERLA(65.9,2), p=0.512

- Abrufvorlauf: MW 39.9, SD 17.4, MN 2, MX 71, N=314
  theoret. Approx.: 1.5+70*BETA(1.65,1.36), p=0.137

- Überwachung: MW 75, SD 60.9, MN 0, MX 280, N=726

Ergebnisse der Simulationsstudie

17.9 Option fd: fixe Ausstattung - dezentrale Koordination

fd_6	Patienten pro Woche		normierte OP-Laufzeit		OP-Laufzeit pro Patient	
	Aktuell	Verändert	Aktuell	Verändert	Aktuell	Verändert
Min.	96.0	99.0	0.592	0.762	3.044	3.100
1st Qu.	115.0	127.0	0.895	0.996	3.858	3.858
conf.	117.9	130.1	0.980	1.072	4.084	4.088
Median	119.0	131.0	0.989	1.080	4.112	4.115
conf.	120.0	131.8	0.998	1.088	4.139	4.142
3rd Qu.	124.0	134.2	1.084	1.164	4.416	4.407
Max.	137.0	146.0	1.331	1.373	5.243	5.150
fd_7	Aktuell	Verändert	Aktuell	Verändert	Aktuell	Verändert
Min.	96.0	124.0	0.434	0.762	2.477	2.332
1st Qu.	114.0	162.0	0.719	0.997	3.209	2.998
conf.	116.9	164.8	0.813	1.075	3.424	3.208
Median	118.0	166.0	0.823	1.083	3.449	3.232
conf.	119.0	167.1	0.833	1.091	3.474	3.256
3rd Qu.	123.2	172.0	0.914	1.159	3.702	3.474
Max.	136.0	185.0	1.253	1.350	4.411	4.178

Tabelle 17.1: Ergebnisse aus Option *fd*

17.10 Option fz: fixe Ausstattung - zentrale Koordination

fz_6	Patienten pro Woche		normierte OP-Laufzeit		OP-Laufzeit pro Patient	
	Aktuell	Verändert	Aktuell	Verändert	Aktuell	Verändert
Min.	101.0	140.0	0.438	0.729	2.339	2.440
1st Qu.	114.0	160.0	0.760	1.014	3.329	3.119
conf.	116.7	164.7	0.855	1.133	3.616	3.338
Median	118.0	166.5	0.866	1.145	3.651	3.363
conf.	119.2	168.2	0.877	1.156	3.685	3.388
3rd Qu.	125.0	175.5	0.984	1.238	4.010	3.615
Max.	141.0	194.0	1.306	1.508	5.018	4.273
fz_7	Aktuell	Verändert	Aktuell	Verändert	Aktuell	Verändert
Min.	103.0	142.0	0.373	0.544	2.117	2.017
1st Qu.	114.0	159.0	0.655	0.848	2.870	2.663
conf.	117.0	164.3	0.736	0.944	3.124	2.851
Median	118.0	166.0	0.745	0.955	3.153	2.874
conf.	118.9	167.6	0.755	0.966	3.181	2.897
3rd Qu.	122.5	174.0	0.845	1.068	3.445	3.119
Max.	135.0	196.0	1.113	1.397	4.296	3.754

Tabelle 17.2: Ergebnisse aus Option *fz*

17.11 Option md: mobile Ausstattung - dezentrale Koordination

	Patienten pro Woche		normierte OP-Laufzeit		OP-Laufzeit pro Patient	
md_6	Aktuell	Verändert	Aktuell	Verändert	Aktuell	Verändert
Min.	102.0	115.0	0.513	0.683	2.652	2.653
1st Qu.	114.0	127.0	0.820	0.941	3.583	3.615
conf.	117.8	130.0	0.919	1.021	3.881	3.894
Median	119.0	131.0	0.931	1.030	3.913	3.928
conf.	120.1	131.9	0.940	1.038	3.944	3.962
3rd Qu.	124.0	135.5	1.045	1.126	4.217	4.291
Max.	137.0	147.0	1.331	1.384	5.095	5.304
md_7	Aktuell	Verändert	Aktuell	Verändert	Aktuell	Verändert
Min.	102.0	147.0	0.380	0.682	2.041	2.075
1st Qu.	113.0	161.0	0.670	0.937	2.950	2.806
conf.	115.7	166.7	0.760	1.011	3.219	3.032
Median	117.0	168.0	0.770	1.020	3.250	3.057
conf.	118.2	169.2	0.779	1.028	3.280	3.081
3rd Qu.	124.0	172.0	0.870	1.103	3.565	3.297
Max.	140.0	187.0	1.150	1.358	4.454	4.033

Tabelle 17.3: Ergebnisse aus Option *md*

17.12 Option mz: mobile Ausstattung - zentrale Koordination

mz_6	Patienten pro Woche		normierte OP-Laufzeit		OP-Laufzeit pro Patient	
	Aktuell	Verändert	Aktuell	Verändert	Aktuell	Verändert
Min.	106.0	142.0	0.340	0.590	1.942	2.179
1st Qu.	114.0	162.0	0.726	0.983	3.190	3.051
conf.	117.9	166.4	0.846	1.163	3.533	3.285
Median	119.0	168.0	0.859	1.176	3.577	3.317
conf.	120.0	169.5	0.872	1.190	3.621	3.348
3rd Qu.	123.0	175.0	0.991	1.255	4.067	3.684
Max.	135.0	192.0	1.389	1.550	5.337	4.568
mz_7	Aktuell	Verändert	Aktuell	Verändert	Aktuell	Verändert
Min.	102.0	146.0	0.298	0.485	1.646	1.819
1st Qu.	114.0	162.0	0.621	0.842	2.706	2.598
conf.	117.9	166.6	0.709	0.938	3.028	2.819
Median	119.0	168.0	0.720	0.951	3.064	2.845
conf.	120.0	169.3	0.730	0.963	3.099	2.871
3rd Qu.	123.0	174.0	0.837	1.089	3.420	3.123
Max.	134.0	191.0	1.158	1.450	4.461	3.903

Tabelle 17.4: Ergebnisse aus Option *mz*

Ergebnisse der Partial- und Interaktionsanalyse

Die folgenden Tabellen zeigen die Differenzen im Patientendurchsatz und der OP-Laufzeiten für die in den Partialanalysen verglichenen Testszenarien. Die Werte sind als Differenzen der Mediane berechnet. Für die Situationen, in denen sich die Ergebnisse der jeweils verglichenen Testszenarien signifikant unterscheiden, werden die Werte fettgedruckt angegeben. Dies ist der Fall, wenn sich die 95% Vertrauensbereiche der Mediane nicht überlappen.

17.13   Partialanalyse Ressourcenmobilität

Die detaillierten Angaben zur Partialanalyse der Ressourcenmobilität sind in Tabelle 17.5
dargestellt.

| | Patienten pro Woche | |
	Aktuell	Verändert
fd_6 - md_6	0	0
fd_7 - md_7	1	-2
	normierte OP-Laufzeit	
	Aktuell	Verändert
fd_6 - md_6	5,8%	5,0%
fd_7 - md_7	5,3%	6,3%
	OP-Laufzeit pro Patient	
	Aktuell	Verändert
fd_6 - md_6	0,199	0,187
fd_7 - md_7	0,199	0,175

Tabelle 17.5: Differenzen der Mediane bei fixer vs mobiler Ausstattung

17.14 Partialanalyse Zentralisierungsgrad

Die detaillierten Angaben zur Partialanalyse des Zentralisierungsgrades sind in Tabelle 17.6 dargestellt.

	Patienten pro Woche	
	Aktuell	Verändert
fd_6 - fz_6	1	-35,5
fd_7 - fz_7	0	0

	normierte OP-Laufzeit	
	Aktuell	Verändert
fd_6 - fz_6	12,3%	-6,5%
fd_7 - fz_7	7,8%	12,8%

	OP-Laufzeit pro Patient	
	Aktuell	Verändert
fd_6 - fz_6	0,46	0,75
fd_7 - fz_7	0,30	0,36

Tabelle 17.6: Differenzen der Mediane bei dezentraler vs zentraler OP-Organisation

17.15 Interaktionsanalyse

Tabelle 17.7 zeigt nur signifikante Differenzen zwischen den Optionen der Partialanalysen (*md*, *fz*) und einer Kombination beider Gestaltungsparameter (Option *mz*). Die Werte beziehen sich wiederum auf die Differenz der Mediane. Für die Situationen, in denen ein Interaktionseffekt vorliegt, werden die Werte fettgedruckt angegeben.

	Patienten pro Woche			
	6 OP-Säle	Diff.	7 OP-Säle	Diff.
Aktuell	md = mz	-	md = mz	-
	fz = mz	-	fz = mz	-
Verändert	md < mz	-37	md = mz	-
	fz = mz	-	fz = mz	-

	normierte OP-Laufzeit			
	6 OP-Säle	Diff.	7 OP-Säle	Diff.
Aktuell	md > mz	7	md > mz	5
	fz = mz	-	fz > mz	**3**
Verändert	md < mz	-15	md > mz	7
	fz < mz	**-3**	fz = mz	-

	OP-Laufzeit pro Patient			
	6 OP-Säle	Diff.	7 OP-Säle	Diff.
Aktuell	md > mz	0,34	md > mz	0,19
	fz = mz	-	fz > mz	**0,09**
Verändert	md < mz	0,61	md > mz	0,21
	fz < mz	0,05	fz = mz	-

Tabelle 17.7: Differenz der Mediane in der Interaktionsanalyse

17.16 Rangordnung der Gestaltungsvarianten nach relativer OP-Effizienz

In Abbildung 17.13 sind die verschiedenen Gestaltungsoptionen nach aufsteigender OP-Laufzeit je Patient sortiert. Dabei ergibt sich für jeden Patientenmix die gleiche Reihenfolge. Entsprechend kann die Rangordnung der Gestaltungsvarianten in dieser Reihenfolge angesetzt werden.

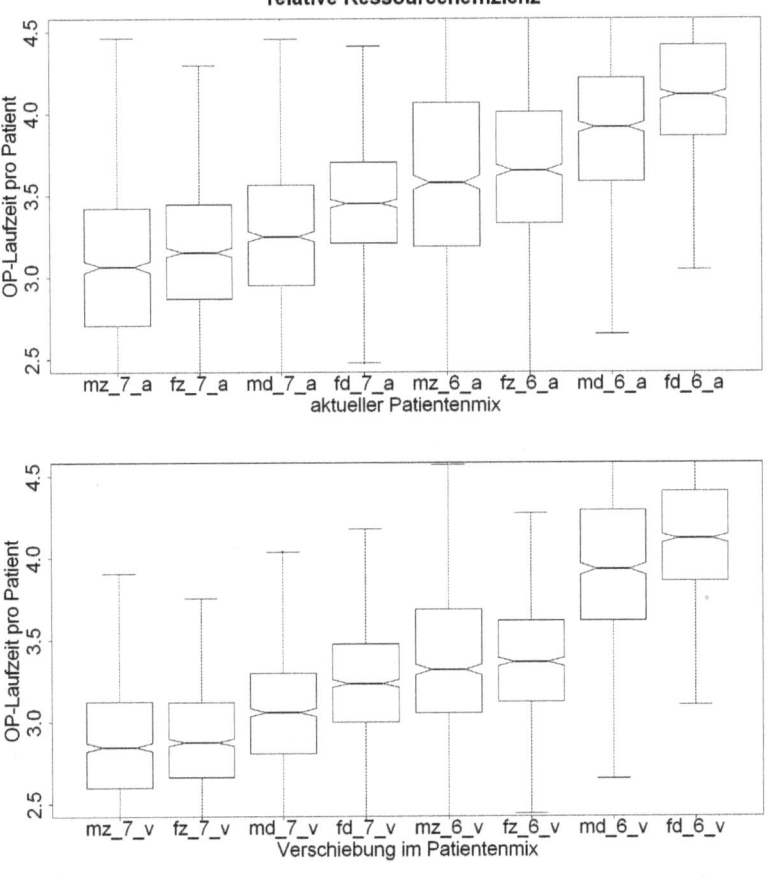

Abbildung 17.13: Relative OP-Effizienz

Literaturverzeichnis

Adam und Gorschlüter 1999
ADAM, D. ; GORSCHLÜTER, P.: Qualitätsmanagement im Krankenhaus. In: *Zeitschrift für Betriebswirtschaftslehre (ZfB)* Ergänzungsheft 5: Krankenhausmanagement (1999)

Adam 1996
ADAM, D.: *Krankenhausmanagement – Auf dem Weg zum modernen Dienstleistungsunternehmen.* Wiesbaden : Gabler, 1996

Baesler und Sepulveda 2001
BAESLER, F. F. ; SEPULVEDA, J. A.: Healthcare II: multi-objective simulation optimization for a cancer treatment center. In: *WSC '01: Proceedings of the 33rd conference on Winter simulation.* Washington, DC, USA : IEEE Computer Society, 2001, S. 1405–1411

Barkaoui et al. 2002
BARKAOUI, K. ; DECHAMBRE, P. ; HACHICHA, R.: Verification and Optimization of an Operating Room Workflow. In: *Proceedings of the 35th Annual Hawaii International Conference on System Sciences (HICSS'02)* 07 (2002)

Bauer und Bach 1999
BAUER, M. ; BACH, A.: Gesetzliche Regelungen zur Krankenhausfinanzierung. Entwicklung und Auswirkungen. In: *Anaesthesist* 48 (1999), S. 417–427

Bauer et al. 2004
BAUER, M. ; HANSS, R. ; SCHLEPPERS, A. ; STEINFATH, M. ; TONNER, P. H. ; MARTIN, J.: Prozessoptimierung im „kranken Haus". In: *Anaesthesist* 53 (2004), S. 414–425

Baumgart et al. 2007
BAUMGART, A. ; ZÖLLER, A. ; DENZ, C. ; BENDER, H. J. ; HEINZL, A. ; BADREDDIN, E.: Using Computer Simulation in Operating Room Management: Impacts on Process Engineering and Performance. In: *40th Annual Hawaii International Conference on System Sciences (HICSS)* 00 (2007), S. 131b

Becker et al. 2005

BECKER, J. ; KUGLER, M. ; ROSEMANN, M.: *Prozessmanagement - Ein Leitfaden zur prozessorientierten Organisationsgestaltung.* 5. Auflage. Berlin u.a. : Springer, 2005

Becker und Czap 2006

BECKER, M. ; CZAP, H.: Artificial Software Agents as Representatives of their Human Principals in Operating-Room-Team-Forming. In: *Multiagent Engineering: Theory and Applications in Enterprises.* Heidelberg : Springer, 2006, S. 557–574

Becker et al. 2003

BECKER, M. ; KREMPELS, K. H. ; NAVARRO, M. ; PANCHENKO, A.: Agent Based Scheduling of Operation Theaters. In: *e-Health: Application of Computing Science in Medicine and Health Care.* Heidelberg : Springer, 2003, S. 220–227

Behrens und Kaluza 2005

BEHRENS, S. ; KALUZA, B.: *Erfolgsfaktor Flexibilität: Strategien und Konzepte für wandlungsfähige Unternehmen.* Berlin : Schmidt, 2005

Beliën und Demeulemeester 2007

BELIËN, J. ; DEMEULEMEESTER, E. L.: Building cyclic master surgery schedules with leveled resulting bed occupancy. In: *European Journal of Operational Research* 176 (2007), S. 1185–1204

Bender 2003

BENDER, H. J.: OP-Management - eine neue Aufgabe der Anästhesiologie. In: *Anästhesiologie und Intensivmedizin* 44 (2003), S. 31–42

Berry et al. 2008

BERRY, M. ; SCHÜPFER, G. ; MARTIN, J. ; BAUER, M. ; DENZ, C. ; BENDER, H. J. ; SCHLEPPERS, A.: Controlling und Berichtswesen im OP-Management. In: *Anaesthesist* 57 (2008), Nr. 3, S. 269–274

Blasak et al. 2003

BLASAK, R. E. ; STARKS, D. W. ; ARMEL, W. S. ; HAYDUK, M. C.: Healthcare process analysis: the use of simulation to evaluate hospital operations between the emergency department and a medical telemetry unit. In: *WSC '03: Proceedings of the 35th conference on Winter simulation,* 2003, S. 1887–1893

Buddendick 2004

BUDDENDICK, H.: Pfade durch das klinische Prozessmanagement - Prozessmodellierung der Behandlungspfade im Rahmen des Klinischen Prozessmanagements. In: GREILING, M. (Hrsg.): *Pfade durch das klinische Prozessmanagement.* Stuttgart : Verlag W. Kohlhammer, 2004, S. 189–202

Busse 2004

BUSSE, T.: Spezialauswertung OP-Management. In: *Führen und Wirtschaften* 21 (2004), S. 74–76

Carley 1995

CARLEY, K. M.: Computational and Mathematical Organization Theory: Perspective and Directions. In: *Computational & Mathematical Organization Theory* 1 (1995), Nr. 1, S. 39–56

Choi und Erdem 2000

CHOI, I. ; ERDEM, E.: Mobile CT in einem neurointerventionellen OP. In: *Kontraste* 15 (2000), S. 45 – 50

Collingridge und James 1989

COLLINGRIDGE, D. ; JAMES, P.: Technology, organizations and incrementalism: high rise system building in the UK. In: *Technology Analysis Strategic Management* 1 (1989), Nr. 1, S. 79 – 98

Corsten 2000

CORSTEN, H.: *Produktionswirtschaft*. 9. Auflage. München-Wien : R. Oldenburg Verlag, 2000

Denton et al. 2006

DENTON, B. T. ; RAHMAN, A. S. ; NELSON, H. ; BAILEY, A. C.: Simulation of a multiple operating room surgical suite. In: *WSC '06: Proceedings of the 37th conference on Winter simulation*, Winter Simulation Conference, 2006, S. 414–424

Denz et al. 2008

DENZ, C. ; BAUMGART, A. ; ZÖLLER, A. ; SCHLEPPERS, A. ; H. J. BENDER, A. H.: Perspektiven zur Weiterentwicklung des OP-Managements: Von der Prozessanalyse zur simulationsbasierten Planung und Steuerung. In: *Anästhesiologie & Intensivmedizin* 49 (2008), S. 85–93

Denz et al. 2007

DENZ, C. ; ZÖLLER, A. ; BAUMGART, A. ; PAULUSSEN, T. O. ; SCHLEPPERS, A. ; BENDER, H. J. ; BADREDDIN, E. ; HEINZL, A.: Wirksamkeit, Schwachstellenanalyse und Verbesserungspotentiale des OP-Managements im Krankenhaus. In: *Anästhesiologie und Intensivmedizin* 11 (2007), S. 580–590

Dexter et al. 1999

DEXTER, F. ; MACARIO, A. ; TRAUB, R. D. ; HOPWOOD, M. ; LUBARSKY, D. A.: An Operating Room Scheduling Strategy to Maximize the Use of Operating Room Block

Time: Computer Simulation of Patient Scheduling and Survey of Patients Preferences for Surgical Waiting Time. In: *Anesthesia and Analgesia* 89 (1999), S. 7–20

Evans et al. 1996

EVANS, G. W. ; UNGER, E. ; GOR, T. B.: A simulation model for evaluating personnel schedules in a hospital emergency department. In: *WSC96: Proceedings of the 28th conference on Winter simulation*, 1996, S. 1205–1209

Fernandopulle 2001

FERNANDOPULLE, R.: Surgical services reform: Executive briefing for clinical leaders / Clinical Advisory Board. Washington D.C., 2001. – Forschungsbericht

Ferrin et al. 2004

FERRIN, D. M. ; MILLER, M. J. ; WININGER, S. ; NEUENDORF, M. S.: Analyzing incentives and scheduling in a major metropolitan hospital operating room through simulation. In: *WSC '04: Proceedings of the 36th conference on Winter simulation*, Winter Simulation Conference, 2004, S. 1975–1980

Fischer 1997

FISCHER, W.: *Patientenklassifikationssysteme zur Bildung von Behandlungsfallgruppen im stationären Bereich - Prinzipien und Beispiele*. Bern unf Wolfertswill : BSV+ZIM Verlag, 1997

Frigge et al. 1989

FRIGGE, M. ; HOAGLIN, D. C. ; IGLEWICZ, B.: Some implementations of the boxplot. In: *The American Statistician* 43 (1989), S. 50–54

Fu et al. 2005

FU, M. C. ; GLOVER, F. W. ; APRIL, J.: Simulation optimization: a review, new developments, and applications. In: *WSC '05: Proceedings of the 37th conference on Winter simulation*, Winter Simulation Conference, 2005, S. 83–95

Gebhard et al. 2003

GEBHARD, F. ; HARTWIG, E. ; ISENMANN, R. ; TRIEBSCH, K. ; GERSTNER, H. ; BAILER, M. ; BRINKMANN, A.: OP-Management: Chirurg oder Anästhesist. In: *Anaesthesist* 52 (2003), S. 1062–1067

Geldner et al. 2003

GELDNER, G. ; EBERHART, L. H. J. ; RUOFF, M. ; TRUNK, S. ; DAHMEN, K. G. ; REISSMANN, T. ; WEILER, T. ; BACH, A. ; BRINKMANN, A.: Effizientes OP-Management. In: *Gynäkologe* 36 (2003), S. 149–157

Gerchak et al. 1996
GERCHAK, Y. ; GUPTA, D. ; HENIG, M.: Reservation planning for elective surgery under uncertain demand for emergency surgery. In: *Management Science* 42 (1996), Nr. 3, S. 321–334

Gierl 1979
GIERL, L.: Simultane Patientendurchlaufplanung für mehrere Leistungsstellen. In: MEYER, M. (Hrsg.): *Krankenhausplanung.* Stuttgart : Fischer, 1979

Gorschlüter 2001
GORSCHLÜTER, P.: *Das Krankenhaus der Zukunft - Integriertes Qualitätsmanagement zur Verbesserung von Effektivität und Effizienz.* Stuttgart u.a. : W. Kohlhammer, 2001

Greiling und Rudolf 2005
GREILING, M. ; RUDOLF, B.: *Kinische Pfade optimal gestalten - Prozessanalyse im Krankenhaus mit Hilfe der Netzplantechnik.* 2. erweiterte und überarbeitete Auflage. Kulmbach : Baumann Fachverlag, 2005

Greulich und Thiele 1999
GREULICH, A. ; THIELE, G.: Moderne OP-Ablauforganisation. In: BRAUN, G. E. (Hrsg.): *Handbuch Krankenhausmanagement.* Stuttgart : Schäffer-Poeschel, 1999, S. 583–599

Grochla 1982
GROCHLA, E.: *Grundlagen der organisatorischen Gestaltung.* Stuttgart : Poeschel, 1982

Gutenberg 1983
GUTENBERG, E.: *Grundlagen der Betriebswirtschaftslehre. Band 1: Die Produktion.* Berlin u.a. : Springer, 1983

Guthknecht 1999
GUTHKNECHT, T.: Schneller und effizienter im OP. In: *Krankenhausumschau* 9 (1999), S. 612–616

Hanss et al. 2005
HANSS, R. ; BUTTGEREIT, B. ; TONNER, P. H. ; BEIN, B. ; SCHLEPPERS, A. ; STEINFATH, M. ; SCHOLZ, J. ; BAUER, M.: Overlapping induction of anesthesia: an analysis of benefits and costs. In: *Anesthesiology* 103(2) (2005), S. 391–400

Heinrich et al. 2007
HEINRICH, L. J. ; HEINZL, A. ; ROITHMAYR, F.: *Wirtschaftsinformatik : Einführung und Grundlegung.* München : Oldenbourg, 2007

Heinzl et al. 2001
HEINZL, A. ; GÜTTLER, W. ; PAULUSSEN, T. O.: *Strategie, Organisation und Informationsverarbeitung in deutschen Krankenhäusern.* Bayreuth : P.C.O-Verlag, 2001

Helmig 2005
HELMIG, B.: *Ökonomischer Erfolg in öffentlichen Krankenhäusern.* Berlin : BWV Berliner Wissenschafts-Verglag, 2005

Hocke 2004
HOCKE, S.: *Flexibilitätsmanagement in der Logistik. Systemtheoretische Fundierung und Simulation logistischer Gestaltungsparameter.* Frankfurt : Lang Peter GmbH, 2004

Holst und Wendt 1996
HOLST, D. ; WENDT, M.: Ist unsere OP-Konzeption heute noch zeitgerecht? Neue Ablaufkonzepte in der Anästhesie. In: *Anästhesiologie und Intensivmedizin* 6 (1996), S. 315–319

Jansen-Vullers und Reijers 2005
JANSEN-VULLERS, M. H. ; REIJERS, H. A.: Business Process Redesign in Healthcare: Towards a Structured Approach. In: *INFOR - Information Systems and Operational Research* 43 (2005), Nr. 4, S. 321 – 339

Jebali et al. 2006
JEBALI, A. ; HADJ ALOUANE, A. B. ; LADET, P.: Operating rooms scheduling. In: *International Journal of Production Economics* 99 (2006), February, Nr. 1-2, S. 52–62

Jun et al. 1999
JUN, J. B. ; JACOBSON, S. H. ; SWISHER, J. R.: Application of discrete-event simulation in health care clinics: A survey. In: *The Journal of the Operational Research Society* 50 (1999), Nr. 2, S. 109–123

Jung 2001
JUNG, H.: *Allgemeine Betriebswirtschaftslehre.* 7. überarbeitete Auflage. München : Oldenburg, 2001

Kathawala und Lingaraj 1990
KATHAWALA, Y. ; LINGARAJ, B.: Organisational Structure Considerations in the Next Decade: Implications for Operations Management. In: *International Journal of Operations & Production Management* 10 (1990), Nr. 8, S. 53 – 60

Köck 1995
KÖCK, C.: Wunsch und Wirklichkeit: Über die Liberalisierung des Marktes im Ge-

sundheitswesen. In: ARNOLD, M. (Hrsg.) ; PAFFRATH, D. (Hrsg.): *Krankenhausreport'95*. Stuttgart u.a. : Fischer, 1995, S. S. 59–79

Kelton et al. 2004

KELTON, W. D. ; SADOWSKI, R. P. ; STURROCK, D. T.: *Simulation with Arena.* 3. Auflage. Boston, Mass. u.a. : McGraw-Hill, 2004

King 1983

KING, J. L.: Centralized versus Decentralized Computing: Organizational Considerations and Management Options. In: *Computing Surveys* 15 (1983), Nr. 4, S. 319 – 349

Kumar et al. 1993

KUMAR, A. ; OW, P. S. ; PRIETULA, M. J.: Organizational Simulation and Information Systems Design: An Operations Level Example. In: *MANAGEMENT SCIENCE* 39 (1993), Nr. 2, S. 218–240

Kuo et al. 2003

KUO, P. ; SCHROEDER, R. A. ; MAHAFFEY, S. ; BOLLINGER, R. R.: Optimization of operating room allocation using linear programming techniques. In: *Journal of the American College of Surgeons* 197 (2003), S. 889–895

Kurbel 2005

KURBEL, K.: *Produktionsplanung und -steuerung im Enterprise Resource Planning und Supply Chain Management.* 6. Auflage. München-Wien : R. Oldenburg Verlag, 2005

Kwak et al. 1976

KWAK, N. K. ; KUZDRALL, P. J. ; SCHMITZ, H. H.: The GPSS simulation of scheduling policies for surgical patients. In: *Management Science* 22 (1976), S. 982–989

Lovejoy und Li 2002

LOVEJOY, W. S. ; LI, Y.: Hospital Operating Room Capacity Expansion. In: *Management Science* 48 (2002), Nr. 11, S. 1369–1387

Lowery 1996

LOWERY, J. C.: Introduction to simulation in health care. In: *WSC 96: Proceedings of the 28th conference on Winter simulation*, 1996, S. 78–84

Lowery und Davis 1999

LOWERY, J. C. ; DAVIS, J. A.: Determination of operating room requirements using simulation. In: *WSC '99: Proceedings of the 31st conference on Winter simulation.* New York, NY, USA : ACM Press, 1999, S. 1568–1572

Macario et al. 1995

MACARIO, A. ; VITEZ, T. ; DUNN, B. ; MCDONALD, T.: Where are the costs in perioperative care? Analysis of hospital costs and charges for inpatient surgical care. In: *Anesthesiology* 83 (1995), S. 1138–1144

Malone 1987

MALONE, T. W.: Modeling Coordination in Organizations and Markets. In: *Management Science* 33 (1987), Nr. 10, S. 1317–1332

Marcon und Dexter 2007

MARCON, E. ; DEXTER, F.: An observational study of surgeons' sequencing of cases and its impact on postanesthesia care unit and holding area staffing requirements at hospitals. In: *Anesthesia & Analgesia* 105 (2007), S. 119–26

Markus und Robey 1988

MARKUS, M. L. ; ROBEY, D.: Information Technology and Organizational Change: Causal Structure in Theory and Research. In: *MANAGEMENT SCIENCE* 34 (1988), Nr. 5, S. 583–598

Mertens 2005

MERTENS, P.: *Integrierte Informationssysteme 1 - Operative Systeme in der Industrie.* 15. überarbeitete Auflage. Wiesbaden : Gabler, 2005

Morra 1996

MORRA, F.: *Wirkungsorientiertes Krankenhausmanagement: Ein Führungshandbuch.* Bern, Stuttgart, Wien, : Haupt, 1996

Oberender et al. 2006

OBERENDER, P. O. ; HEBBORN, A. ; ZERTH, J.: *Wachstumsmarkt Gesundheit.* 2. überarbeitete Auflage. Stuttgart : Lucius & Lucius, UTB, 2006

Offermanns und Müller 2004

OFFERMANNS, M. ; MÜLLER, U.: *Die Entwicklung der Krankenhausinanspruchnahme bis zum Jahr 2010 und die Konsequenzen für den medizinischen Bedarf der Krankenhäuser.* Studie des Deutschen Krankenhausinstituts (DKI), 2004

Opderbecke und Weißauer 2002

OPDERBECKE, H. W. ; WEISSAUER, W.: Datenanforderungen auf dem Personalsektor zur Abbildung von Prozessen im OP zur Kalkulation der DRGs. In: *Anästhesiologie & Intensivmedizin* 43 (2002), S. 457–461

Paoletti und Marty 2007

PAOLETTI, X. ; MARTY, J.: Consequences of running more operating theatres than anaesthetists to staff them: a stochastic simulation study. In: *British Journal of Anaesthesia* 98 (2007), Nr. 4, S. 462–469

Paulussen et al. 2004
PAULUSSEN, T. O. ; ZÖLLER, A. ; HEINZL, A. ; BRAUBACH, L. ; POKAHR, A. ; LAMERSDORF, W.: Patient scheduling under uncertainty. In: *SAC 04: Proceedings of the 2004 ACM symposium on Applied computing*. New York, NY, USA : ACM Press, 2004, S. 309–310

Paulussen 2006
PAULUSSEN, T. O.: *Agent-Based Patient Scheduling in Hospitals*. Mannheim : Dissertationsschrift, Universität Mannheim, 2006

Paulussen et al. 2006
PAULUSSEN, T. O. ; ZÖLLER, A. ; ROTHLAUF, F. ; HEINZL, A. ; BRAUBACH, L. ; POKAHR, A. ; LAMERSDORF, W.: Agent-Based Patient Scheduling in Hospitals. In: KIRN, S. (Hrsg.) ; HERZOG, O. (Hrsg.) ; LOCKEMANN, P. (Hrsg.) ; SPANIOL, O. (Hrsg.): *Multiagent Engineering - Theory and Applications in Enterprises*. Berlin : Springer, 2006, S. 255 – 275

Pegden et al. 1995
PEGDEN, C. D. ; SADOWSKI, R. P. ; SHANNON, R. E.: *Introduction to Simulation Using SIMAN*. New York, NY, USA : McGraw-Hill, Inc., 1995

Picot 2005
PICOT, A.: Organisation. In: BITZ, M. (Hrsg.): *Vahlens Kompendium der Betriebswirtschaftslehre*. München : Verlag Vahlen, 2005, S. 107–180

Pinkernelle 2003
PINKERNELLE, J. G.: *Einsatz der mobilen Computertomographie in der Intensivmedizin*. Berlin : Humboldt-Universität, 2003

Raetzell und Bauer 2006
RAETZELL, M. ; BAUER, M.: Standard operating procedures und klinische Behandlungspfade. In: WELK, I. (Hrsg.) ; BAUER, M. (Hrsg.): *OP-Management: praktisch und effizient*. Heidelberg : Springer Medizin Verlag, 2006, S. 187–199

Ramis et al. 2001
RAMIS, F. J. ; PALMA, J. L. ; BAESLER, F. F.: The use of simulation for process improvement at an ambulatory surgery center. In: *WSC '01: Proceedings of the 33rd conference on Winter simulation*, Winter Simulation Conference, 2001, S. 1401–1404

Reißmann et al. 2003

REISSMANN, H. ; BAUER, M. ; GELDNER, G. ; KUNTZ, L. ; ESCH, J. Schulte a. ;
BACH, A.: Leistungs- und Kostendaten in der Anästhesiologie. In: *Anästhesiologie
und Intensivmedizin* 44 (2003), S. 124–130

Remer 2000

REMER, A.: *Organisationslehre.* 5. Auflage. Bayreuth : REA-Verl. Managementfor-
schung, 2000

Riedl 2002

RIEDL, S.: Modernes Operationsmanagement im Workflow Operation. In: *Chirurg*
73 (2002), S. 105–110

Robbins 2001

ROBBINS, S. P.: *Organisation der Unternehmung.* München : Pearson Studium, 2001

Sandberg et al. 2005

SANDBERG, W. S. ; DAILY, B. ; EGAN, M. ; STAHL, J. E. ; GOLDMAN, J. M. ;
WIKLUND, R. A. ; RATTNER, D.: Deliberate perioperative systems design improves
operating room throughput. In: *Anesthesiology* 103(2) (2005), S. 406–18

Scheer 1997

SCHEER, A. W.: *Wirtschaftsinformatik - Referenzmodelle für industrielle Ge-
schäftsprozesse.* 7. durchgesehene Auflage. Berlin u.a. : Springer, 1997

Schlüchtermann 1990

SCHLÜCHTERMANN, J.: *Patientensteuerung. Am Beispiel der Radiologie eines Krankenhauses.* Bergisch Gladbach : Verlag Josef Eul, 1990

Schleppers et al. 2003

SCHLEPPERS, A. ; STURM, J. ; BENDER, H. J.: Implementierung einer Geschäftsord-
nung für ein zentrales OP-Management. In: *Anästhesiologie und Intensivmedizin* 44
(2003), S. 295–303

Schnittka 1998

SCHNITTKA, M.: *Kapazitätsmanagement von Dienstleistungsunternehmungen - eine
Analyse aus Anbieter- und Nachfragersicht.* Wiesbaden : Gabler, 1998

Schotten 1998

SCHOTTEN, M.: *Beurteilung von EDV-gestützten Koordinationsinstrumentarien in
der Fertigung.* Aachen : Shaker, 1998

Schütt und Bauer 2006

SCHÜTT, B. ; BAUER, M.: Qualitätsmanagement. In: WELK, I. (Hrsg.) ; BAUER,

M. (Hrsg.): *OP-Management: praktisch und effizient.* Heidelberg : Springer Medizin Verlag, 2006, S. 131–42

Schumpelick und Treutner 1999
SCHUMPELICK, V. ; TREUTNER, K. H.: Perioperative Organisationsabläufe aus Sicht des Chirurgen. In: *Der Chirurg* 70 (1999), S. 23–28

Schwing 2002
SCHWING, C.: Der Operationssaal fokussiert alle Probleme. In: *Klinikmanagement Aktuell* 4 (2002), S. 8–13

Sibbel 2004
SIBBEL, R.: *Produktion integrativer Dienstleistungen - Kapazitätsplanung und Organisationsgestaltung am Beispiel von Krankenhäusern.* Wiesbaden : DUV Deutscher Universitäts-Verlag, 2004

Siebenbrock und Zeilinger 2008
SIEBENBROCK, H. ; ZEILINGER, H.: *Kernpunkte der Betriebswirtschaft.* Münster : Rieder, 2008

Sier et al. 1997
SIER, D. ; TOBIN, P. ; MCGURK, C.: Scheduling Surgical Procedures. In: *Journal of Operational Research Society* 48 (1997), Nr. 9, S. 884–891

Soh und Markus 1995
SOH, C. ; MARKUS, M. L.: How IT Creates Business Value: A Process Theory Synthesis. In: *ICIS*, 1995, S. 29–41

Steimel 2000
STEIMEL, C.: Der OP im Aufbruch. In: *Krankenhaus* 4 (2000), S. 288–293

Steward und Standridge 1996
STEWARD, D. ; STANDRIDGE, C. R.: A Veterinary Practice Simulator Based on the Integration of Expert System and Process Modeling. In: *SIMULATION* 66 (1996), Nr. 3, S. 143 – 159

Strum et al. 2000
STRUM, D. P. ; MAY, J. H. ; VARGAS, L. G.: Modeling the uncertainty of surgical procedure times: comparison of log-normal and normal models. In: *Anesthesiology* 92 (2000), S. 1160–1167

Torkki et al. 2005
TORKKI, P. M. ; MARJAMAA, R. A. ; TORKKI, M. I. ; KALLIO, P. E. ; KIRVELÄ,

O. A.: Use of anesthesia induction rooms can increase the number of urgent orthopedic cases completed within 7 hours. In: *Anesthesiology* 103(2) (2005), S. 401–5

Trill 2000
TRILL, R.: *Krankenhausmanagement*. 2. erweiterte und überarbeitete Auflage. Neuwied, Kriftel : Luchterhand, 2000

Weiss et al. 2002
WEISS, G. ; BAER, R. von ; RIEDL, S.: Einfluss des Raumkonzepts einer Operationsabteilung auf die Nutzungseffizienz. In: *Chirurg* 73 (2002), S. 174–179

Weiss et al. 2005
WEISS, S. ; KRATZ, C. ; PUTZKE, C. ; SCHLEPPERS, A. ; WULF, H. ; GELDNER, G.: Modernes Fasttracking - multimodale Konzepte mit Zukunft? In: *Anästhesiologie & Intensivmedizin* 46 (2005), S. 33–40

Wiendahl und Hegenscheidt 2003
WIENDAHL, H. ; HEGENSCHEIDT, M.: Flexible Transferstrasse - Hochdynamisches Störverhalten reduziert Effekte von Maßnahmen zur Leistungssteigerung. In: BAYER, J. (Hrsg.) ; COLLISI, T. (Hrsg.) ; WENZEL, S. (Hrsg.): *Simulation in der Automobilproduktion*. Berlin : Springer, 2003, S. 71 – 81

Wiinamaki und Dronzek 2003
WIINAMAKI, A. ; DRONZEK, R.: Emergency departments I: using simulation in the architectural concept phase of an emergency department design. In: *WSC '03: Proceedings of the 35th conference on Winter simulation*, Winter Simulation Conference, 2003, S. 1912–1916

Wilde und Hess 2007
WILDE, T. ; HESS, T.: Forschungsmethoden der Wirtschaftsinformatik - Eine empirische Untersuchung. In: *Wirtschaftsinformatik* 49 (2007), S. 280–287

Williamson et al. 1989
WILLIAMSON, D. F. ; PARKER, R. A. ; KENDRICK, J. S.: The box plot: a simple visual method to interpret data. In: *Annals of Internal Medicine* 110 (1989), S. 916–21

Zapf 2003
ZAPF, M.: *Flexible Kundeninteraktionsprozesse im Communication Center*. Frankfurt : Lang Peter GmbH, 2003

Zapf und Heinzl 2001
ZAPF, M. ; HEINZL, A.: Kundeninteraktionsprozesse im Communication Center. In: *WISU - Das Wirtschaftsstudium* (2001), S. 1661 – 1670

Zhou und Franklin 1998

ZHOU, J. ; FRANKLIN, D.: Method to Assist in the Scheduling of Add-on Surgical Cases-Upper Prediction Bounds for Surgical Case Durations Based on the Log-normal Distribution. In: *Anesthesiology* 89 (1998), S. 1228–1232

Zöller et al. 2006a

ZÖLLER, A. ; DENZ, C. ; BAUMGART, A. ; BENDER, H. J. ; BADREDDIN, E. ; HEINZL, A.: Information Need and IT demands for Business Process Reengineering in Operation Room Management. In: *Proceedings of the 1st European Conference on E-Health (ECEH)*. Fribourg, Swiss, 2006, S. 190–206

Zöller et al. 2006b

ZÖLLER, A. ; BRAUBACH, L. ; POKAHR, A. ; ROTHLAUF, F. ; PAULUSSEN, T. O. ; LAMERSDORF, W. ; HEINZL, A.: Evaluation of a Multi-Agent System for Hospital Patient Scheduling. In: *International Transactions on Systems Science and Applications (ITSSA)* 1 (2006), Nr. 4, S. 375–380

ENTSCHEIDUNGSUNTERSTÜTZUNG FÜR ÖKONOMISCHE PROBLEME

Herausgegeben von Christian Becker, Wolfgang Gaul, Armin Heinzl,
Martin Schader und Daniel Veit

Band   1   Ingo Böckenholt: Mehrdimensionale Skalierung qualitativer Daten. Ein Instrument zur Unterstützung von Marketingentscheidungen. 1989.

Band   2   Jürgen Joseph: Arbeitswissenschaftliche Aspekte der betrieblichen Einführung neuer Technologien am Beispiel von Computer Aided Design (CAD). Felduntersuchung zur Ermittlung arbeitswissenschaftlicher Empfehlungen für die Einführung neuer Technologien. 1990.

Band   3   Eva Schönfelder: Entwicklung eines Verfahrens zur Bewertung von Schichtsystemen nach arbeitswissenschaftlichen Kriterien. 1992.

Band   4   Michael Bargl: Akzeptanz und Effizienz computergestützter Dispositionssysteme in der Transportwirtschaft. Empirische Studien zur Implementierungsforschung von Entscheidungsunterstützungssystemen am Beispiel computergestützter Tourenplanungssysteme. 1994.

Band   5   Reinhold Decker: Analyse und Simulation des Kaufverhaltens auf Konsumgütermärkten. Konzeption eines modell- und wissensorientierten Systems zur Auswertung von Paneldaten. 1994.

Band   6   Wolfgang Gaul / Martin Schader (Hrsg.): Wissensbasierte Marketing-Datenanalyse. Das WIMDAS-Projekt. 1994.

Band   7   Daniel Baier: Konzipierung und Realisierung einer Unterstützung des kombinierten Einsatzes von Methoden bei der Positionierungsanalyse. 1994.

Band   8   Ulrich Lutz: Preispolitik im internationalen Marketing und westeuropäische Integration. 1994.

Band   9   Kirsten Petersen: Design eines Courseware-Entwicklungssystems für den computerunterstützten universitären Unterricht. CULLIS-Teilprojekt I. 1996.

Band 10   Stefan Neumann: Einsatz von Interactive Video im computerunterstützten universitären Unterricht. CULLIS Teilprojekt II. 1996.

Band 11   Eberhard Aust: Simultane Conjointanalyse, Benefitsegmentierung, Produktlinien- und Preisgestaltung. 1996.

Band 12   Peter Heydebreck: Technologische Verflechtung. Ein Instrument zum Erreichen von Produkt- und Prozeßinnovationserfolg. 1996.

Band 13   Michael Pesch: Effiziente Verkaufsplanung im Investitionsgütermarketing. 1997.

Band 14   Frank Wartenberg: Entscheidungsunterstützung im persönlichen Verkauf. 1997.

Band 15   Thomas Lechler: Erfolgsfaktoren des Projektmanagements. 1997.

Band 16   Alexandre Saad: Anbahnung und Erfolg von europäischen kooperativen F&E-Projekten. Eine empirische Analyse anhand von ESPRIT-Projekten. 1998.

Band 17   Michael Löffler: Integrierte Preisoptimierung. 1999.

Band 18   Frank Säuberlich: KDD und Data Mining als Hilfsmittel zur Entscheidungsunterstützung. 2000.

Ab Band 19 erscheint die Reihe unter dem Titel 'Informationstechnologie und Ökonomie'.

Band 19   Rainer Kiel: Dialog-gesteuerte Regelsysteme. Definition, Eigenschaften und Anwendungen. 2001.

www.peterlang.de

Peter Lang · Internationaler Verlag der Wissenschaften

Christian Alexander Raible

Arzneimittelmanagement im Krankenhaus

Eine theoretische und empirische Analyse

Frankfurt am Main, Berlin, Bern, Bruxelles, New York, Oxford, Wien, 2008.
XVII, 347 S., 25 Abb., 29 Tab.
Europäische Hochschulschriften: Reihe 5, Volks- und Betriebswirtschaft.
Bd. 3287
ISBN 978-3-631-57171-2 · br. € 59,70*

Krankenhäuser müssen ihre organisatorischen Strukturen an optimierte Prozessabläufe anpassen, um wettbewerbsfähig zu bleiben. Das Arzneimittelmanagement im Krankenhaus soll daher ein Optimum an Wirksamkeit, Sicherheit, Qualität und Wirtschaftlichkeit für die gesamte Arzneimittelversorgung erreichen. Ziel der Arbeit ist es, durch einen theoretischen und empirischen Erkenntniszuwachs dem Management praxisrelevante Handlungsoptionen zu präsentieren. Dazu werden fünf eigenständige Beiträge verfasst, denen unterschiedliche Methodiken zu Grunde liegen. Unter anderem werden mittels einer normativ-konzeptionellen Analyse Gestaltungsempfehlungen für die Entscheidungsträger aufgezeigt und bei der empirischen Studie verschiedene Arzneimittelversorgungsformen gesundheitsökonomisch mit Hilfe einer Kosten-Effektivitäts-Analyse untersucht.

Aus dem Inhalt: Theoretische Analyse und Bewertung aktueller stationärer Arzneimittelversorgungsprozesse · Managementkonzept zur Arzneimittelversorgung im Krankenhaus · Ökonomische Auswirkungen von unerwünschten Arzneimittelwirkungen/-ereignissen im Krankenhaus · Arzneimittelmanagement im Krankenhaus: Kosten und Effekte von Interventionen · Ökonomische und qualitative Aspekte der klinisch-pharmazeutischen Versorgung und Beratung

Frankfurt am Main · Berlin · Bern · Bruxelles · New York · Oxford · Wien
Auslieferung: Verlag Peter Lang AG
Moosstr. 1, CH-2542 Pieterlen
Telefax 00 41 (0) 32 / 376 17 27

*inklusive der in Deutschland gültigen Mehrwertsteuer
Preisänderungen vorbehalten
Homepage http://www.peterlang.de

Zeitfracht Medien GmbH
Ferdinand-Jühlke-Straße 7
99095 Erfurt, Deutschland
produktsicherheit@kolibri360.de